***Couverture*:** **Le doux visage d'une jeune Akha est encadré par sa coiffure traditionnelle — un bonnet de coton bleu, décoré d'une profusion d'ornements d'argent, de perles et de pompons. A l'arrière-plan, un village akha aux maisons coiffées de chaume s'accroche au versant boisé de la montagne.**

***Page de garde*:** **Sur cette carte schématique du monde, le cercle délimite la zone où des populations akha vivent disséminées dans les montagnes boisées de la Thaïlande, de la Birmanie, du Laos et de la province chinoise du Yun-nan.**

Peuples en Péril

Cet ouvrage fait partie d'une collection qui se propose de consigner les modes de vie uniques de peuples éloignés, avant leur soumission quasi inévitable face aux pressions du monde moderne.

EDITIONS TIME LIFE

PEUPLES EN PÉRIL
LA CONQUÊTE DU CIEL
LA DEUXIÈME GUERRE MONDIALE
LA GRANDE AVENTURE DE LA MER
CUISINER MIEUX
L'ENCYCLOPÉDIE TIME-LIFE DU JARDINAGE
LE FAR WEST
LE COMPORTEMENT HUMAIN
LES GRANDES CITÉS
MAGIE DES TRAVAUX D'AIGUILLE
LES GRANDES ÉTENDUES SAUVAGES
LES ORIGINES DE L'HOMME
LIFE LA PHOTOGRAPHIE
TIME-LIFE LA CUISINE A TRAVERS LE MONDE
COLLECTION JEUNESSE
TIME-LIFE MONDE DES ARTS
LES GRANDES ÉPOQUES DE L'HOMME
LIFE LE MONDE DES SCIENCES
LIFE LE MONDE VIVANT
LIFE AUTOUR DU MONDE
LE GRAND LIVRE DU BATEAU
LE GRAND LIVRE DE LA PHOTOGRAPHIE
LA GUERRE VUE PAR LIFE
LIFE A HOLLYWOOD
VU PAR LIFE

Les Errants de la Forêt thaïlandaise

Les Akha

par Frederic V. Grunfeld
et les rédacteurs des Éditions Time-Life
Photographies par Michael Freeman

PEUPLES EN PÉRIL • ÉDITIONS TIME-LIFE • AMSTERDAM

ÉDITIONS TIME-LIFE

Directrice des publications pour l'Europe : Kit van Tulleken
Responsable de la conception artistique : Louis Klein
Responsable du service photographique : Pamela Marke
Responsable de la documentation : Vanessa Kramer
Responsable de la planification : Alan Lothian
Responsable de la révision du texte : Ilse Gray

PEUPLES EN PÉRIL
Secrétaire de rédaction de la collection : Gillian Boucher
Chef des recherches : Jackie Matthews
Service iconographique : Jeanne Griffiths
Maquettiste : Rick Bowring
Responsable de la coordination : Belinda Stewart Cox

Comité de rédaction pour : *Wayfarers of the Thai Forest*
Secrétaires de rédaction : John Gaisford, Deborah Thomson
Rédactrice : Louise Earwaker
Documentaliste : Mark Karras
Préparation de copie : Sally Rowland
Assistante de rédaction : Elizabeth Jones
Correctrice : Judith Heaton
Maquettiste-assistant : Paul Reeves

Service de fabrication :
Responsable de la fabrication : Ellen Brush
Responsable de la qualité : Douglas Whitworth
Responsable de la coordination : Linda Mallett, Helen Whitehorn
Iconographie : Philip Garner
Département artistique : Julia West
Service de la rédaction : Theresa John, Debra Lelliot, Rebecca Read, Sylvia Wilson

Édition française :
Direction : Monique Poublan, Michèle Le Baube
Secrétaire de rédaction : François Lévy
Traduit de l'anglais par Dominique Le Bourg

Publié par Time-Life Books B.V., Ottho Heldringstraat 5, 1066 AZ Amsterdam

ISBN 2-7344-0007-3
ISSN en cours

Table des matières

L'auteur:
L'écrivain américain Frederic V. Grunfeld, historien des civilisations, a publié de nombreux articles sur l'art tribal. Pendant plus de dix ans, il a été rédacteur itinérant de la revue *Horizon* et a collaboré à plusieurs collections des Éditions Time-Life, parmi lesquelles *Les Grandes Cités*. Il est l'auteur de: *The Art and Times of the Guitar, The Hitler File* et, plus récemment, de *Prophets Without Honour: A Background to Freud, Kafka, Einstein and their World*.

Le photographe:
Michael Freeman a fait des études de géographie à l'Université d'Oxford. Ses œuvres ont été publiées dans de nombreux magazines et livres, entre autres, dans les collections des Éditions Time-Life *Les Grandes Étendues sauvages* et *Les Grandes Cités*. Il est l'auteur d'un *Manuel du 35 mm*.

Les conseillers pour le présent ouvrage:
Le Dr Leo Alting von Geusau, anthropologue hollandais, membre de l'Institut d'Études sociales de La Haye et diplomé de Rome, possède un doctorat de la New School for Social Research de New York. Il a fait de nombreux voyages en Amérique latine et en Asie, et est conseiller à l'Institut de recherche pour le développement social aux Nations unies, à Genève. Depuis 1977, appointé par des dons de la Rothko Chapel Foundation de Houston, Texas, il vit dans le Nord de la Thaïlande, chez les Akha, dont il étudie le rituel, la mythologie, l'histoire et la vie économique.

Le Dr Paul Lewis, docteur en anthropologie de l'Université de l'Oregon, a été pendant vingt ans missionnaire chez les Akha de Birmanie, et il a établi le premier système de transcription de la langue akha. Il a publié un rapport ethnographique détaillé sur les Akha de Birmanie et vit, depuis 1968, en Thaïlande, où il collabore à des campagnes sanitaires et pédagogiques en faveur des peuples de la montagne. Il a donné des cours d'anthropologie à l'Université de Chiang Mai, en Thaïlande du Nord.

Cornelia Kammerer a étudié l'anthropologie à l'Université de Columbia et à l'Université de Chicago. Titulaire de plusieurs bourses de recherche, elle est partie pour la Thaïlande en 1979, afin de préparer une thèse de doctorat sur la parenté et les rituels akha, les rituels des femmes en particulier.

Le conseiller pour la collection:
Malcolm McLeod, conservateur du Département d'ethnographie au British Museum, est né à Édimbourg. Après des études d'histoire et d'anthropologie sociale à Oxford, il a entrepris des recherches en Afrique, centrées sur le Ghana et, plus spécialement, sur le pays achanti. Il a enseigné au département de sociologie de l'université du Ghana et à Cambridge, et a écrit un ouvrage sur les Achanti.

Introduction

Dispersé dans les montagnes de l'Asie orientale, il existe un peuple de paysans cultivateurs de riz, qui s'efforce de suivre les traditions de ses ancêtres et de vivre en harmonie avec la nature. Les Akha, au nombre de plus d'un demi-million, n'ont ni livres, ni organisation sociale autre que celle du village, ni même de répartition géographique cohérente : on les trouve en Chine du Sud, en Birmanie, au Laos et en Thaïlande, parmi des peuples toujours plus fortement organisés qu'eux-mêmes. Ils n'en sont pas moins convaincus de l'excellence de leur propre mode de vie et de leurs coutumes.

Quand les Éditions Time-Life projetèrent d'envoyer un écrivain et un photographe chez les Akha, la Thaïlande fut choisie comme étant le seul pays facilement accessible aux étrangers. Les Akha ne s'y sont pourtant installés que depuis le début du siècle, pour fuir la guerre ou la pénurie régnant dans les régions situées plus au nord. Là, au nombre de 20000 maintenant, ils ont établi leurs villages traditionnels et demeurent aussi indépendants que possible de la population thaïe indigène, qui vit dans les plaines.

L'un des symboles de leur singularité est l'étonnant costume de coton bleu des femmes — jupe courte, jambières, veste brodée et coiffure chargée d'ornements d'argent. Mais, plus essentiel encore à leur identité est le patrimoine de poèmes rituels que les Akha se transmettent oralement depuis des siècles. Ces poèmes, qui abordent tous les aspects de la vie akha, donnent pour chaque activité — construction d'une maison, adresse aux ancêtres, culture du riz ou attache des buffles — des instructions minutieuses que les Akha observent toujours fidèlement.

Pour compléter l'expérience vécue sur le terrain par l'auteur, Frederic Grunfeld, historien des civilisations, et par le photographe, Michael Freeman, nous avons sollicité la collaboration de trois spécialistes occidentaux de la société akha, résidant en Thaïlande. Les études inédites qu'ils ont mises à notre disposition nous ont été des plus précieuses pour la compréhension de ce peuple si attachant et si complexe.

L'auteur et le photographe ont passé plusieurs semaines dans un village akha, auquel, dans ce livre, nous donnons le nom fictif de Napeh, ayant pour souci de protéger ses habitants contre la curiosité d'éventuels intrus. Accueillis dans la maison d'un des chefs du village, Grunfeld et Freeman ont participé à la vie de tous les jours et aux célébrations saisonnières des Akha. Puis, au cours d'une randonnée dans les villages frontaliers du Nord, l'auteur a recueilli le témoignage, rapporté ici, de récents transfuges de Birmanie — éloquente confirmation de la volonté déterminée et agissante des Akha de survivre dans la perpétuation de leurs traditions ancestrales.

Les rédacteurs.

Un | Dans le secret de la montagne

De loin, l'opulente et fraîche verdure des montagnes du Nord de la Thaïlande semble comme une invite, surtout pendant la période des fortes pluies d'août et septembre. Contreforts avancés du système himalayen qui s'étend de l'Inde jusqu'en Birmanie, ces hauteurs sont pour la plupart si boisées que les agences de voyage de Chiang Mai — capitale régionale située à plus de 700 kilomètres de Bangkok — font de la publicité pour des « randonnées à pied sans risques dans la jungle ». Mais le touriste qui s'attendrait à trouver là une forêt tropicale de feuillus gigantesques drapés de lianes serait déçu. Cette toison végétale se compose surtout d'arbres de jeune fûtaie, qui disputent leur espace vital à des taillis, des fourrés de bambou et de grandes graminées nommées *imperata cylindrica*.

A l'abri de cet écran forestier désordonné, la vie de la montagne suit son cours presque secret et ignoré du monde. Dans des villages de bambou et de chaume subsistent une demi-douzaine de peuples, très différents des paysans thaïs fixés dans les plaines et les vallées du Sud. Ces « tribus de la montagne », comme les désignent collectivement les Thaïlandais, cultivent leur riz sur des pentes défrichées par essartage, c'est-à-dire par déboisement et brûlis. Nombre d'entre eux sont arrivés assez récemment, au cours de ce siècle, de régions ou de contrées voisines — Birmanie, Chine et Laos —, apportant avec eux une profusion de coutumes anciennes. Ils ont conservé non seulement leurs langues, mais aussi leurs coutumes et leurs techniques particulières. Il y a là les Karen, dresseurs d'éléphants, vêtus d'une toile de coton couleur rouille qu'ils tissent eux-mêmes ; les Hmong, spécialistes du batik, de la broderie et du travail de l'argent ; les Yao, qui ont amené dans leurs bagages d'inestimables portraits d'ancêtres peints jadis en Chine centrale ; les Lahu, grands chasseurs de la forêt, qui sont passés de l'usage des flèches empoisonnées à celui de fusils de chasse fabriqués par eux-mêmes

ou provenant de surplus militaires; les Lisu, aux énormes turbans, qui façonnent de magnifiques bijoux avec des pièces d'argent; enfin les Akha, les plus résolument traditionalistes de tous. Leurs femmes portent de splendides coiffures, dignes de héros mythologiques, et leurs chefs religieux psalmodient des poèmes d'une grandeur épique.

Plus de 20000 Akha vivent en Thaïlande, dans une région qui s'étend à peu près de Mae Sai, sur la frontière birmane, jusqu'aux montagnes du Sud de Chiang Rai, centre provincial situé à quelque 150 kilomètres au nord-est de Chiang Mai — région qu'ils partagent avec d'autres peuples, les villages étant disséminés sur les versants sans grand souci de solidarité ethnique. Les hauteurs occupées dépassent rarement 1500 mètres, mais elles leur offrent des vues étendues sur les basses plaines. Vers l'ouest, leur horizon est dominé par des chaînes de plus en plus hautes à mesure qu'elles reculent vers la Birmanie. Au pied de ces montagnes, qui tombent au sud de façon abrupte, se déroule le damier vert et brun des plaines où les paysans thaïs, en sarraus de coton bleu, récoltent le riz deux fois par an dans des champs irrigués, dont ils labourent la terre noire alluviale avec des buffles.

Les paysans des rizières ne se sont jamais beaucoup intéressés à ces montagnes, et les considèrent plutôt comme des dents de dragon semées par quelque divinité démoniaque, qu'ils tentent, aujourd'hui encore, de se concilier par des cultes chamaniques locaux. Les montagnards, au contraire, trouvent un réconfort dans cet isolement des hauteurs qui leur permet de préserver leur identité tant de fois menacée. Pour le moment du moins, ils demeurent à l'écart du reste du pays.

Les bulldozers ont ouvert des routes en terre battue pour les relier aux bourgs des plaines, mais ces chemins ne mènent pas bien loin. Ensuite, la seule façon de circuler consiste à suivre les pistes — juste assez larges pour le

passage d'un homme et d'un cheval de bât — qui traversent la région, par monts et par vaux, d'un village à l'autre. Je ne conseille pas l'autre solution, celle adoptée par un homme qui remonta à pied le cours du Mae Suai sur 15 kilomètres, avec de l'eau jusqu'aux genoux, faute d'avoir trouvé sur la terre ferme un chemin plus direct.

Les montagnards de Thaïlande apprécient tout particulièrement leur tranquillité, car ce sont des groupes de réfugiés qui ont fui les troubles politiques de leurs anciennes patries, et leur présence dans ces contrées n'est que tolérée. La plupart d'entre eux n'ont pas la nationalité thaïlandaise et aucun droit juridique sur les terres qu'ils occupent.

Leur situation est d'autant plus précaire que leur pratique de la culture sur brûlis leur attire les foudres des écologistes, qui les accusent de dévaster l'environnement. Les spécialistes reconnaissent la nécessité de l'essartage en montagne, qui apporte au sol la potasse et les phosphates qui l'équilibrent pendant quelques années, jusqu'à ce que, de nouveau, décroisse sa fertilité. Mais les dommages causés aux versants forestiers, eux, sont permanents. Pendant la mousson, les pluies torrentielles qui tombent sur ces brûlis érodent la riche couche de terre cultivable et l'entraînent vers le bas. Il s'ensuit que tout l'écosystème du bassin hydrographique est perturbé.

Lors de mon premier séjour en Thaïlande, je m'étais entretenu avec un ingénieur agronome européen qui travaillait depuis dix ans à un projet d'installation de pâturage en montagne. Sans éprouver d'hostilité à l'égard des montagnards, il condamnait sans appel leurs méthodes agricoles. « L'essartage est détestable, me dit-il, il détruit la forêt et appauvrit la teneur nourricière des sols. Ces dernières années, j'observe que la végétation des versants s'éclaircit de plus en plus. On n'y voit plus maintenant que des champs dénudés où se dressent quelques souches. »

En vue de renverser ce processus, le gouvernement thaïlandais a entrepris une campagne draconienne de reboisement, et nombre de cultivateurs des montagnes ont vu, du jour au lendemain, des rangées de jeunes arbres plantées au milieu de leurs champs de riz. Ils n'ont aucun recours possible, car, en vertu de la législation thaïlandaise, toute la région est une réserve forestière que seuls peuvent exploiter des concessionnaires patentés. Autrement dit, chaque fois qu'un paysan abat un arbre, il commet un délit de braconnage, et tout brûlis est illégal.

Le paradoxe est que peu de peuples cherchent plus ardemment à vivre en harmonie avec la nature que ces hommes. Ils s'efforcent de maintenir l'équilibre entre eux-mêmes et le cosmos au moyen de quantité de cérémonies, de fêtes, de bénédictions et d'exorcismes. Par ailleurs, ils pratiquent une forme d'assolement, cultivant une partie de leurs terres seulement et laissant le reste en jachère jusqu'à ce que les arbres aient repoussé. Les défenseurs de la culture sur brûlis font ressortir que loin de « laisser une savane d'épineux là où ils avaient trouvé une forêt » — comme le prétendent leurs adversaires —, ces cultivateurs favorisent la conservation de l'environnement et vivent au même endroit de nombreuses années de suite; leur agriculture est très rationnelle — à condition qu'ils disposent de terres en suffisance pour effectuer la rotation nécessaire.

Dans la pâle lumière de l'aube, la plaine thaïlandaise se déploie au pied des versants boisés où les Akha se sont fixés. C'est une région de rizières, fertile et peuplée, sillonnée de grandes routes goudronnées.

Jadis, quand la population d'un village devenait trop nombreuse ou que ses champs s'épuisaient, elle pouvait se scinder ou se transporter ailleurs. Mais, dans le pays où ils se trouvent actuellement, les montagnards ne savent plus où aller : les plaines populeuses de la Thaïlande commencent au pied des versants. Les Thaïs du plat pays, eux-mêmes à court de terres, empiètent déjà sur les premières pentes. Du fait de cette pression croissante, les peuples de la montagne n'ont presque plus de terres à cultiver.

J'ai fait la connaissance des Akha grâce à un anthropologue hollandais, le Dr Alting von Geusau, résidant en Thaïlande, qui a passé plusieurs années dans un de leurs villages. Quand je lui rendis visite à Chiang Mai, il m'entretint longuement de leurs problèmes. Les forêts qu'ils habitent sont dévastées — souvent au mépris de la loi — par des marchands de bois de la plaine ; leur état sanitaire est mauvais et l'assistance médicale insuffisante ; enfin, ils sont harcelés par des bandits thaïs armés qui rôdent dans la montagne. Pour le moment, leur culture traditionnelle survit, mais les Akha, de même que les autres montagnards, se voient de plus en plus contraints à chercher du travail comme journaliers en plaine, ou à se consacrer à des travaux d'artisanat — vanneries, tissages à la main — qu'ils vendent aux touristes. L'étude que von Geusau a faite de leur histoire l'a convaincu qu'ils n'ont cessé, en fait, de se trouver à la merci de groupes plus puissants, et que leur mode de vie dans les forêts de ces montagnes a été façonné par des siècles d'existence en tant que minorité à peine tolérée.

C'est une tâche immense que de reconstituer le passé des Akha. Ne possédant pas de système graphique, ils n'ont pas d'histoire écrite. Tout leur savoir est conservé dans plus de dix mille vers de poésie, qu'ils se transmettent par voie orale depuis des siècles, grâce à une chaîne ininterrompue de maîtres et de disciples appelés *pimas*. Les hommes qui portent ce nom ont un statut analogue à celui du professeur ou du prêtre, car cette somme de poèmes renferme toute la sagesse de leur peuple.

Ce répertoire de récits et de légendes, composé à différentes époques et sans cesse augmenté, ne présente aucun ordre ni plan d'ensemble. C'est un élément essentiel de la totalité des traditions akha, désignée sous le nom d'*Akhazang*, la « Voie akha », qui englobe la quasi-totalité de l'expérience de ce peuple et qui relate les exploits des ancêtres tout en y intégrant une masse de préceptes et d'instructions sur la façon de se bien conduire. Grâce à une traduction du linguiste suédois Inga-Lill Hansson, le Dr von Geusau a pu remonter jusqu'aux origines des traditions akha. Ces vers sont souvent ambigus, mais des données fournies par d'autres sources — notamment par les chroniqueurs chinois des premiers siècles de notre ère — confirment de nombreux épisodes des poèmes, de sorte que l'histoire des Akha peut se dessiner dans ses grandes lignes avec quelque certitude.

C'est essentiellement l'histoire d'un voyage — d'une longue migration à partir de leur patrie ancestrale dans le centre de l'Asie. Les Akha parlent une langue du groupe linguistique tibéto-birman et se rattachent à un ensemble de peuples appelés les Lolo, ou les Yi, dont les ancêtres, dans un lointain passé, vivaient sans doute sur ce qui est l'actuelle frontière orientale du

Dents et gencives tachées trahissent chez cet homme l'habitude de mâcher du bétel, coutume d'ailleurs fréquente chez les Akha adultes des deux sexes. Dans la composition de cette pâte masticatoire entre de la noix de palmier arec, qui produit une ivresse légère. Les propriétés anesthésiques du bétel soulagent le mal de dents.

ÉTATS DES
BIRMANIE
IMPLANTATIONS
Hkok
T H A
Napeh
CHAMPS CULTIVÉS

Les villages forestiers

Les Akha de Thaïlande, au nombre de plus de 20000, habitent les montagnes boisées de l'extrême nord du pays. La flèche, dans l'encadré, indique leur localisation, ainsi que l'orientation de la grande carte reproduite en perspective.

Plus d'une centaine de villages akha sont dispersés parmi ceux d'autres peuples de la montagne: Karen, Lisu, Yao et Hmong. Les basses vallées fluviales et le centre provincial de Chiang Rai sont occupés par des Thaïs indigènes. Au nord, se dressent les montagnes orientales de l'État de Keng-tung, en Birmanie, où vivent d'autres groupes d'Akha.

Au premier plan de cette vue en perspective se trouve le village de Napeh, qui joue le rôle de chef-lieu de tous les hameaux et villages akha de Thaïlande. Conformément à la tradition, Napeh est établi juste en-dessous de la crête, et il est entouré d'une épaisse ceinture forestière, où les villageois se livrent à la cueillette, vont ramasser du bois et laissent leurs animaux domestiques chercher leur subsistance. Au-delà de la forêt s'étendent les champs en pente que les Akha ont défrichés et où ils cultivent du riz et des légumes.

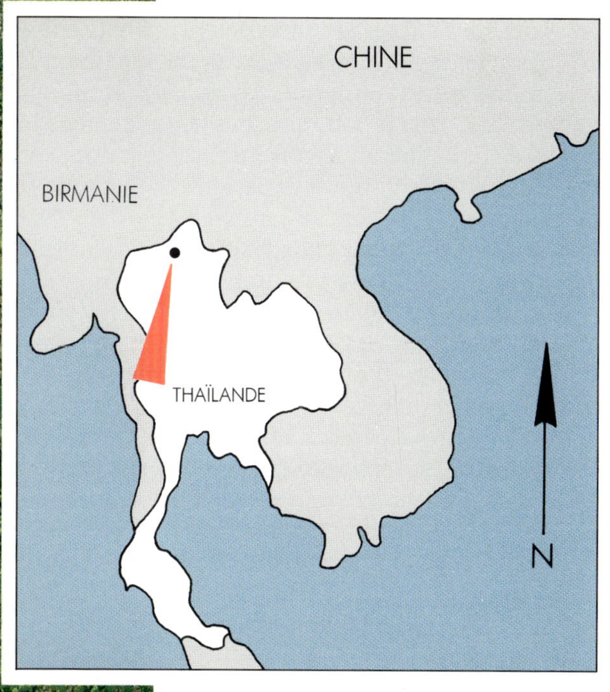

Tibet. Il semble qu'au IIe siècle av. J.-C. les ancêtres des Akha, qui ne pouvaient plus survivre dans ces contrées montagneuses, commencèrent leur migration. Le massif du Tibet est la source de la plupart des grands fleuves de l'Asie, et ces populations en descendirent les cours, en quête de régions plus hospitalières. Les détails de leur voyage restent vagues. Les vers sont souvent confus dans leur mention des événements et des lieux, et certains cours d'eau n'ont pu être encore identifiés. Ainsi s'interroge-t-on sur le « puisage de l'eau au bord du Na-kha », sur « la descente du Me-ho, du Na-he et du Na-ba ». D'autres fleuves, comme le Mékong et le Mae Sai, sont désignés par leur nom actuel.

Au cours de leur lente progression vers le Sud-Est, les voyageurs se divisèrent en plusieurs groupes. Celui des ancêtres des Akha s'enfonça plus au sud que les autres Lolo. « Notre ancêtre Gu-la, disent les légendes, descendit au sud jusqu'à Djm-pyu ; notre ancêtre A-gaw se rendit en un pays où la terre était plate; notre ancêtre Mo-dzo se rendit en un pays où abondaient les arbres; notre ancêtre Man-dzan alla vivre dans un pays où abondaient les pierres », et ainsi de suite. Au VIIe siècle de notre ère, ce groupe de Lolo s'était répandu jusque dans le Sud du Yun-nan. Là, il élabora peu à peu une culture distincte de celle des autres Lolo et commença à prendre le nom d'Akha. Nombre d'entre eux, plus tard, continuèrent leur migration, tandis que certains autres et des peuples lolo sont demeurés au Yun-nan jusqu'à nos jours.

Au Yun-nan, les Akha prospérèrent, semble-t-il, pendant des siècles. Ils cultivaient probablement le riz en rizières, et leurs poèmes, confirmés par le témoignage des chroniqueurs chinois, font mention d'une époque où ils auraient bâti une ville ceinte de murailles; ils parlent également de trois générations de puissants chefs akha. Si cette évolution avait continué, les Akha auraient pu se constituer en un État centralisé.

Durant cette période sédentaire, il se peut qu'ils aient appris à lire et à écrire. Au cours de ce dernier siècle, on a retrouvé, chez des groupes de Lolo encore fixés dans le Yun-nan, des textes anciens rédigés dans une curieuse écriture, totalement différente des pictogrammes chinois. Mais les poèmes font ensuite mention d'une période de « grands feux » et de désastres qui contraignirent les Akha à chercher refuge dans les forêts des hauteurs. S'il a jamais existé des livres akha, ils ont dû se perdre dans ces incendies, et, avec eux, l'art de l'écriture qu'ils pratiquaient.

Le récit épique relate poétiquement qu'il y a bien longtemps l'esprit qui créa les nuages avait doté les Akha d'un alphabet inscrit sur une peau de buffle. Plus tard, quand la famine les menaça, ils mangèrent cette peau et firent du coup disparaître leur alphabet; mais les lettres, une fois digérées, se transmuèrent en une excellente mémoire verbale.

Les *pimas*, ou récitants, ne sont en effet pas les seuls à être capables de prouesses mnémotechniques. Chaque homme adulte est censé pouvoir remonter la généalogie de ses ancêtres en lignée paternelle jusqu'à environ la soixantième génération. Cette prodigieuse mémorisation est légèrement facilitée par le fait que, selon l'usage, la dernière syllabe du nom du père devient la première syllabe du nom du fils : « No-dzah engendra Dzah-loh, et

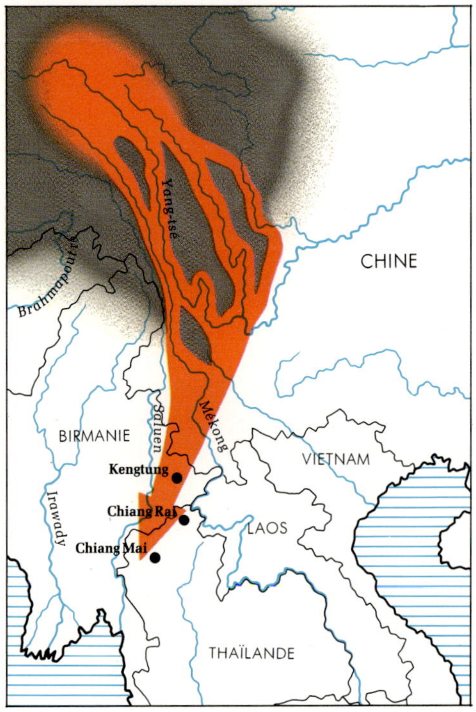

Ces flèches convergentes montrent les routes de migration suivies par les ancêtres des Akha jusqu'en Thaïlande. Il semble qu'ils suivirent, il y a des siècles, la voie des vallées qui descendaient du plateau tibétain vers la Chine du Sud et, à la fin du XIXe siècle, vers la Birmanie et le Laos. Les Akha vivant aujourd'hui en Thaïlande ont franchi la frontière birmane au cours du XXe siècle.

Dzah-loh engendra Loh-naw, et Loh-naw engendra Naw-ce », etc. Certaines de ces litanies généalogiques remontent jusqu'aux noms des chefs qui dirigeaient les Akha avant qu'ils ne fussent contraints de se réfugier dans les montagnes, et révèlent ainsi que la fuite de ce peuple eut lieu il y a quelque trente générations, soit environ sept cents ans, et donc vers le XIIIe siècle de notre ère, à l'époque où les hordes mongoles de Kubilay Khan, venues de l'ouest, déferlèrent à travers la Chine et écrasèrent l'État lolo. Après ce désastre, les Akha n'eurent plus jamais de chefs assez puissants pour les organiser en peuple, la capacité de gouverner ne dépassant pas le stade du village. Et, depuis lors, les Akha se sont trouvés à la merci de groupes plus forts. Refoulés des plaines fertiles dans la montagne, ils ne se sont jamais installés dans la sécurité des grandes hauteurs, déjà occupées par des peuples plus puissants. Forcés de se maintenir sur les pentes boisées moyennes, vulnérables aux attaques lancées d'en bas comme d'en haut, ils n'avaient, en cas de danger, d'autre recours que de partir ailleurs. Au cours des siècles, ils ont effectué une progression lente et régulière vers le sud. Au moment des grands bouleversements que connut le Yun-nan à la fin du XIXe siècle, l'avant-garde des Akha s'était établie sur les limites sud de cette province et de la Chine elle-même. Ils se trouvèrent alors aux frontières de deux grandes puissances coloniales étrangères : la Grande-Bretagne en Birmanie, et la France en Indochine. Quelques Akha s'enfoncèrent vers le Sud, une branche vers la Birmanie, une autre vers le Laos. Les premiers devaient, par la suite, pénétrer en Thaïlande.

Le premier village akha de Thaïlande fut fondé en 1905 ; le deuxième, sans doute pas avant 1925. La plupart de leurs habitants sont maintenant des immigrés ou des enfants d'immigrés arrivés dans le pays depuis la Deuxième Guerre mondiale. Ils s'enfuirent de Birmanie lorsque l'âpre guerre civile, qui éclata quelques années après le retrait des Britanniques (1948), entre les Birmans et les Chan — apparentés au Thaïs —, gagna les montagnes de l'est du pays. Un grand nombre d'Akha, cependant, sont demeurés dans leurs patries d'origine. Dans la seule Chine, selon les chiffres du recensement, 500 000 d'entre eux vivent dans la province du Yun-nan ; ils sont 100 000 environ dans l'est de la Birmanie, et près de 5 000 au Laos. Toutefois, c'est la Thaïlande qui, au cours des années 1950, est devenue l'un des derniers asiles où les Akha et d'autres peuples, représentant en tout 400 000 personnes, peuvent jouir d'une tranquillité relative. La famille royale de Thaïlande leur accorde une attention particulière, et le roi a parrainé divers projets tendant à la préservation de leurs cultures. Il n'y a guère d'espoir, malgré tout, que les Akha résistent longtemps encore à la pression du monde moderne.

Au début, le Dr von Geusau montra beaucoup de réticence à m'emmener dans la montagne. Trop souvent, me dit-il, les journalistes décrivent les Akha comme des « sauvages » pittoresques, sans comprendre la profondeur et la complexité de leur patrimoine culturel. Il commença par me présenter à deux autres chercheurs spécialistes des Akha : Nina Kammerer, jeune anthropologue qui a étudié leur rituel, leur cosmologie et leurs relations de parenté, et le Dr Paul Lewis, travailleur bénévole, qui se consacre actuellement à un programme de limitation des naissances parmi les Akha et autres peuples des montagnes de Thaïlande.

Le Dr Lewis se révéla être une mine de renseignements. Il avait appris à parler couramment la langue des Akha, et écrit sur les coutumes un ouvrage en quatre volumes, que j'entrepris de lire en priorité. Il m'apparut bientôt que la mentalité de ce peuple était si différente de tout ce que j'avais pu connaître que, sans ce savoir de base, je ne comprendrais rien à ce que j'allais voir par la suite sur le terrain.

D'après les histoires que les grands-mères racontent à leurs petits-enfants, je me figurais le milieu où s'est développée la culture akha: un monde forestier où les peuples mènent une existence précaire environnée de dangers. Une version akha du *Petit Chaperon rouge* se propose d'avertir les enfants des périls qui les guettent en dehors du village: une mère, avec sa petite fille dans les bras, a rendu visite, dans un village voisin, à la grand-mère du bébé. Sur le chemin du retour, elle est raccompagnée par quelques-uns de ses frères. A mi-parcours, elle leur dit: « Vous pouvez vous en retourner, maintenant, mes frères, ce n'est plus loin, je peux continuer seule sans crainte; j'entends déjà les riches de notre village qui battent la toile neuve. » (Le coton tissé à la main contient des impuretés, et les villageois le battaient avec des bâtons pour le nettoyer.) Mais, au tournant du sentier, elle rencontre un tigre qui fouettait l'air de son immense queue, et c'était le bruit qu'elle avait entendu. Le tigre dévore la mère et l'enfant, endosse les vêtements de la jeune femme et pénètre dans le village. Dans certaines versions de ce conte, le tigre dupe tout le monde et emporte ses proies; dans d'autres, les enfants du village déjouent les ruses du tigre. De toute façon, la morale laisse entendre que le monde est semé d'embûches.

Il n'y avait pas que les fauves à redouter; des bandits, des guerriers, des esprits néfastes se tapissaient aussi dans la jungle. Le monde était si dangereux hors du village que les femmes akha s'en éloignaient rarement: elles se consacraient de façon presque exclusive aux travaux domestiques, laissant la forêt aux hommes. « La femme, dit le poème, s'occupe de ce qui se trouve entre sa maison et sa marmite de riz; l'homme, de ce qui se trouve entre les autres villages et le nôtre. »

Comme le riz ne suffisait pas à assurer leur subsistance, les hommes partaient chasser en forêt et ramenaient du gros gibier: chèvre sauvage, sanglier, ours. Ils descendaient aussi dans les vallées pour troquer du tabac et des piments séchés contre du fer et du sel — éléments indispensables que les Akha ont toujours dû acheter aux habitants des plaines. Voyager loin du village devint pour les hommes une marque de courage et d'indépendance dont ils pouvaient être fiers, et l'adolescent qui s'en écartait pour la première fois se sentait enivré de sa liberté nouvellement conquise.

Au cours des générations, les Akha se familiarisèrent avec la forêt et en vinrent à parler de ses dangers avec une assurance ironique. Une histoire recueillie par le Dr Lewis raconte la triste fin d'un Akha qui venait de prendre femme. Comme la plupart des récits de la légende akha, elle se situe sur la piste, que ce couple ancestral suivait à pied, avec son cheval de bât, pour regagner le village du mari. Vers midi, comme il faisait très chaud, les

La brume matinale qui monte de la plaine envahit la forêt, derrière le versant est du village de Napeh. Cette poignée de maisons, flanquées, chacune, de son petit appentis, n'est qu'une partie du village, qui compte 65 habitations accrochées aux pentes.

voyageurs se sentirent las. Dans les champs brûlés qu'ils traversaient, ils ne trouvèrent pas un seul arbre pour attacher le cheval. « Attache-le à ton gros orteil », dit la femme. Ainsi fit l'homme, et ils s'assirent pour manger. Au moment où ils ouvraient leurs paquets de riz, une énorme guêpe s'en échappa et piqua le cheval et le mari. L'animal dévala la montagne au galop, entraînant l'homme auquel il était attaché. A la fin de leur course folle, ils tombèrent dans la vallée où ils périrent tous deux.

C'est là l'un des épisodes du long récit qui retrace l'origine des Akha en tant que peuple et la naissance de leur société. Selon leur mythologie, toute chose et tout être, qu'il soit homme ou esprit, descendent du grand ancêtre A-poe-mi-yeh. Jadis humains et esprits cohabitaient dans les mêmes maisons du Village ancestral, mais les humains dormaient la nuit et les esprits, le jour. Par la suite, des conflits éclatèrent, car, tour à tour, les uns profitaient du sommeil des autres pour les voler. Ils convinrent finalement de se séparer et d'aller vivre dans des mondes différents. Les humains choisirent les premiers et vinrent habiter en ce monde. Les esprits durent se contenter de se retirer dans le monde des esprits, qui n'est qu'un reflet inversé du monde humain. Il a sa nuit pendant le jour du monde humain, et sa longue saison des pluies pendant les mois ensoleillés de notre monde. Les esprits se prirent d'affection pour la pluie, et viennent à présent sur terre pendant notre saison des pluies — entre mai et octobre — pour accabler les gens des maladies dont ils sont détenteurs.

Les Akha se représentent d'ailleurs l'épilepsie, la variole et la rougeole, par exemple, comme des esprits prenant une forme humaine. Le Dr von Geusau souligne toutefois que les Akha n'ont pas plus peur de ces esprits que l'Occidental moyen ne redoute les bactéries ou les accidents de la route. Ils savent que le danger existe, mais ils croient qu'en prenant certaines précautions il est possible de minimiser les risques.

Ils pensent également que tout élément important de leur monde — individus, riz, argent, animaux, arbres, cours d'eau, armes — possède une essence intérieure qu'il faut traiter comme s'il s'agissait d'une personne. Ils entourent ces esprits dénommés « résidents » d'un profond respect, assurant que, si celui du riz, par exemple, n'est pas honoré comme il se doit, la récolte sera pauvre, et qu'un chasseur irrévérencieux envers les esprits d'un grand nombre d'animaux se verra mal récompensé par la suite.

Pour les Akha, prendre des précautions signifie, aujourd'hui comme jadis, respecter les observances rituelles, qui constituent l'essentiel de l'*Akhazang*. Du Village ancestral — où tous les Akha espèrent retourner après leur mort — les ancêtres, même sans jouer un rôle actif, continuent à s'intéresser de près aux vivants; il convient donc que ces derniers les consultent. Les Akha ne les adorent pas, mais tout individu qui manquerait de déférence à leur égard se montrerait irrespectueux de la tradition et s'attirerait à coup sûr le mauvais sort. En leur témoignant des attentions — et en les invitant à apparaître, de temps à autre, en cours d'année, pour recevoir des offrandes cérémonielles de nourriture et de boisson —, les Akha contribuent à maintenir la continuité entre les générations et la survivance des prescriptions contenues dans l'*Akhazang*.

Le Dr Lewis et Nina Kammerer me firent en plus comprendre un point essentiel: l'*Akhazang*, la Voie akha, n'est pas un système statique; elle stipule de nombreuses et minutieuses observances, mais, selon les circonstances, elle admet l'innovation. Les textes rituels laissent entendre qu'ils ont appris des Khmers de la montagne — une autre tribu itinérante — la façon de bâtir leurs maisons avec les ressources de la forêt, des Chan, l'art de broder leurs vêtements, et des Chinois, la culture du tabac.

On me ménagea enfin la possibilité d'être, pendant quelques semaines, l'hôte du *buseh* — ou représentant — de Napeh, l'un des villages akha situés le plus au sud. Le Dr von Geusau m'expliqua que tous les villages akha ont deux dirigeants: le *buseh* et le *dzoema*, ou chef. Le *dzoema* a la charge de la bonne marche du village: il veille à ce que les rues soient nettoyées, les querelles réglées et l'argent nécessaire aux besoins de la commune, collecté. Il est investi d'une haute importance cérémonielle et incarne la prospérité spirituelle de la communauté. Étant donné son rôle symbolique, il doit être protégé des dangers du monde environnant. C'est donc le *buseh* qui a la charge des affaires extérieures au village et qui en est le responsable aux yeux de l'administration thaïlandaise. En fait, il sert de tampon entre les pouvoirs publics et le chef du village, ou *dzoema*.

Le photographe Michael Freeman et moi-même partîmes un matin pour Napeh, en voiture, avec le Dr von Geusau, qui devait s'y trouver ce jour-là à 11 heures, afin d'y rencontrer une délégation internationale chargée d'étudier les conditions de vie en montagne. Comme nous avions pris du retard au départ de Chiang Mai, M. Boontham, notre chauffeur thaïlandais, conduisit très vite sur la grand-route, en prenant des risques incroyables au milieu de l'intense circulation des charrettes à bœufs et des autocars. Après un accrochage, heureusement sans gravité, nous quittâmes la route goudronnée pour parcourir quelques kilomètres de très mauvaise piste dans la montagne et, à l'évidence, les amortisseurs n'allaient pas survivre à ces ornières. Le Dr von Geusau descendit de voiture pour couvrir à pied les quelques kilomètres qui nous séparaient de Napeh, tandis que nous retournions à Mae Suai, l'agglomération la plus proche, pour y chercher le robuste véhicule à quatre roues motrices qui nous mènerait à bon port.

La piste vers Napeh montait en lacets jusqu'à une crête, puis en suivait le faîte, de sorte que, par moments, les versants tombaient à pic des deux côtés. Nous tournâmes enfin sur une piste encore plus étroite, qui grimpait en pente raide pour déboucher de la forêt sur l'un de ces champs où les Akha cultivent leur riz — une seule récolte par an, étant donné que la mousson d'automne est le seul agent d'irrigation. Le versant abrupt venait d'être défriché, et, çà et là, des souches noircies se dressaient sur le sol comme des mâts totémiques funéraires. C'est dans ce champ isolé que je vis des Akha pour la première fois. Plusieurs femmes semblaient casquées. De plus près, je restai interdit par le saisissant contraste que formaient leurs vêtements sombres et leurs coiffures d'une extraordinaire complexité.

Toutes ces femmes portaient des vestes amples, bleu indigo, ouvertes sur des corsages de même couleur et sur de courtes jupes, bleues également, qui

Des coiffures d'argent

Parmi tous les peuples montagnards de la Thaïlande, les femmes akha se signalent par les coiffures superbement ornementées qu'elles portent tous les jours et qui varient selon les régions et les époques de la vie des villageoises.

Pendant leur petite enfance, les filles — et les garçons, dans certains groupes — portent un simple bonnet de coton, parfois décoré de bandes de tissu, de boutons, de perles et de monnaies cousues (en haut, deuxième à gauche). En grandissant, la fillette y ajoute des disques d'argent, des graines blanches, dites larmes-de-Job, des perles rouges et blanches, qui finissent par couvrir tout le bonnet. Devenue adolescente, elle arbore la véritable coiffure des femmes, surchargée d'autant d'ornements d'argent que ses moyens le lui permettent.

La mode de Napeh se caractérise par un bandeau de pièces d'argent surmonté d'un cône en bambou (milieu, deuxième à gauche), lui-même garni de perles, de fourrure de gibbon, de demi-boules en argent et de plumes teintes.

Dans d'autres groupes, les coiffes, avec leurs rangs de perles et leurs pièces de monnaie, pèsent près de cinq kilos ; d'autres encore s'ornent, derrière la tête, d'une plaque d'argent ouvragée.

Une roupie d'argent indienne, frappée du profil de la reine Victoria, décore la frange d'une coiffure de vieille femme. Toutes les pièces d'argent, quels que soient leur âge et leur origine, sont des ornements appréciés.

tombaient à mi-cuisse. Elles avaient les genoux nus et les mollets recouverts de jambières tubulaires multicolores qui soulignaient le galbe de leurs jambes, conservées fines et musclées par un exercice constant. Mais le plus étonnant chez elles était ces coiffures qui leur conféraient une indescriptible allure mystérieure et archaïque; on eût dit des princesses aux yeux en amande, sorties d'une légende orientale.

Les quatre plus jeunes — les plus séduisantes — arboraient des coiffures décorées de rangs de pièces et de boules d'argent, de cordelettes et de perles, mêlées d'ornements rouges et jaunes faits de plumes teintes et de fourrure de gibbon, qui flottaient et tournoyaient à chaque mouvement. Les plus âgées portaient des parures moins extravagantes, mais elles me frappèrent par leur beauté sévère, leurs corps fermes et leurs visages burinés. La vie dans ces montagnes est si rude qu'on n'y rencontre jamais de ces « faces de lune », fréquentes chez les citadins amollis par le confort.

La réalité quotidienne de cet environnement montagnard, me dit le Dr Lewis, est profondément implantée jusque dans la langue akha. Ici, « au revoir » se dit: « laisse-moi monter », et la réponse usuelle est: « monte prudemment ». Dans le langage de tous les jours, il est sans cesse question soit de monter, soit de descendre. Quand le Dr Lewis entreprit de traduire le Nouveau Testament en langue akha, il dut, pour rendre compte des déplacements du Christ et de ses apôtres, étudier la topographie de la Terre sainte afin de déterminer si Jésus et ses disciples montaient ou descendaient à travers le pays. « Comment, demanda-t-il à son conseiller akha, exprimez-vous l'action de marcher en terrain plat ? » « Cela ne nous arrive jamais, répondit l'homme. Nous ne faisons autre chose que monter ou descendre. »

A environ quinze cents mètres du champ où j'avais vu les femmes, nous arrivâmes au village, un ensemble disséminé de vastes maisons aux toits de chaume, construites sur pilotis, qui semblaient sortir du sol comme une colonie de champignons géants. Le Dr von Geusau était déjà là ; la délégation internationale l'avait rattrapé sur la piste et fait monter dans sa Land Rover peu après que nous eûmes rebroussé chemin. Au bout d'une courte heure de visite, les délégués étaient prêts à repartir, mais le Dr von Geusau trouva tout de même le temps de leur parler d'une épidémie de rougeole qui frappait à l'époque les peuples de la montagne, causant dix morts au cours des mois précédents dans ce seul village.

Nous arrivions d'ailleurs un jour de deuil. Un enfant venait de mourir, soit de la rougeole, soit de la pneumonie qui en est une fréquente séquelle, et nul, au village, ne travaillait. Les gens étaient assis sous le porche surélevé de leurs habitations, causaient à mi-voix ou bien mangeaient. Quand les délégués eurent disparu au bas de la pente abrupte, le Dr von Geusau nous mena chez Abaw Baw Soe, le *buseh* du village. Selon l'usage, nous otâmes nos chaussures avant de gravir les quelques marches menant au porche, où le *buseh* et sa vieille mère nous attendaient. On nous servit une forte infusion de thé, et nous nous installâmes sous le porche, échangeant nos noms et quelques plaisanteries. Le Dr von Geusau nous servait d'interprète.

Nous allâmes ensuite à la voiture pour chercher nos affaires et les déposer dans la petite maison que nous devions occuper, au fond de l'enclos. C'était

Une pente abrupte, naguère boisée, a été défrichée et brûlée pour faire place à une culture de riz. Comme les champs sont à plus d'une heure de marche du village, les paysans bâtissent à proximité des cabanes en bambou, qu'ils utilisent pour s'abriter, au moment de la plantation du riz et de la moisson. Les gerbes de chaume entassées devant celle-ci serviront à réparer des toits.

une simple cabane au sol de terre battue. Ces cabanes, m'expliqua le Dr von Geusau, sont utilisées par les jeunes couples, durant les premières années de leur vie commune; plus tard, s'étant un peu enrichis, ils se bâtissent une vraie maison indépendante sur pilotis.

Tandis que le Dr von Geusau s'entretenait avec le *buseh*, je fis un tour dans le village. Des enfants, rencontrés en chemin, me sourirent et semblèrent désireux de gagner mon amitié. Parvenu au sommet de la crête, je vis que les maisons — plus tard, j'en comptai soixante-cinq — se répartissaient en trois groupes : l'un, sur le piton ; les deux autres, nichés dans les plis qui faisaient jonction avec la masse de la chaîne. Grandes ou petites, toutes étaient construites sur le même modèle, avec de hauts toits de chaume et, au lieu de cheminées, des ouvertures pratiquées sous les pignons, d'où s'échappaient des volutes de fumée. Là où la pente était escarpée, un seul côté de l'habitation reposait sur pilotis, l'autre prenant appui à flanc de montagne. Des barrières de bambou délimitaient chaque enclos. Ces formes imbriquées dessinaient des motifs étroitement liés de chaume et de bambou sur un fond de terre rouge et de forêt verte. Une avenue large d'environ 9 mètres courait sur l'échine de la crête centrale en s'incurvant dans la partie nord du village. Des chemins plus étroits, disposés comme les nervures d'une feuille, reliaient cette voie aux groupes de maisons plus éloignés.

Il était maintenant 3 heures et, avant que je pusse terminer mon exploration, un enfant vint en courant m'appeler pour le dîner. Le Dr von Geusau me fit signe d'entrer dans la maison du *buseh*, où plusieurs des anciens du village se trouvaient déjà assis sur des nattes autour d'une table basse en bambou tressé. Le *buseh*, penché sur l'un des trois foyers creusés dans le sol, remuait le contenu de quelques marmites.

L'intérieur ne se composait que d'une seule vaste pièce, divisée à hauteur d'épaule par une cloison. Pas de fenêtres, mais, à chaque extrémité, des portes en bois, laissés à ce moment toutes deux ouvertes. Il y faisait assez sombre, même en plein après-midi, et cependant une lumière diffuse filtrait à travers le mur de bambou. Un unique rai de soleil, large seulement d'une quinzaine de centimètres mais d'une grande intensité, traversait le haut de la maison, entre les deux ouvertures des pignons, illuminant les spirales de fumée qui montaient des foyers.

Le toit de chaume enveloppait la pièce d'un manteau végétal hirsute, qui créait une atmosphère de profonde quiétude. Pourtant, la maison paraissait vivante, élastique même. Le plancher de bambou fléchissait comme un ressort sous les pas et ses vibrations me rappelaient constamment que j'étais sur une plate-forme suspendue à flanc de montagne.

Alors que je m'asseyais par terre, sur une natte, près de mes compagnons, le repas s'annonça par des coupes d'alcool de riz distillé à la maison. Le doyen des convives prononça une bénédiction : « Puisse la bonne fortune vous favoriser, vous qui buvez cet alcool de riz, et favoriser celui qui le fit, ainsi que sa maison et sa famille. Puisse-t-il avoir à manger en suffisance, et que la maladie et le malheur l'épargnent, lui et son peuple. » Aux cris de *Daw! Daw!* — ce qui signifie « buvons! buvons! » — nous levâmes nos coupes. Le *buseh* apporta alors les marmites sur la table.

Un Akha aiguise la lame d'une machette neuve, solidement maintenue dans un étau en bois. Le forgeron du village se charge habituellement de ce genre de travaux, en échange d'un certain temps passé dans ses champs, mais les paysans préfèrent souvent lui emprunter sa forge et façonner eux-mêmes les outils qu'ils utilisent chaque jour.

Ce fut l'une de ces occasions mémorables où les papilles gustatives découvrent toute une gamme de sensations nouvelles. Le dîner commença par plusieurs variétés de plantes de la forêt et de légumes marinés, suivis de bœuf sauté en lamelles et d'ignames bouillis, que le *buseh* avait pelés lui-même. Les hommes akha préparent une bonne partie de la cuisine, souvent les plats de viande et de légumes, tandis que les femmes font cuire à la vapeur le riz qui est servi en fin de repas. Mais les hommes et les femmes mangent séparément. L'épouse d'Abaw Baw Soe resta à l'autre bout de la pièce, derrière la cloison, et, quand je m'enquis d'elle, on me répondit: « Elle n'a pas faim », bien qu'elle fût en fait, à ce moment même, en train de grignoter quelque chose. Nous mangeâmes avec beaucoup de lenteur et de cérémonie, déposant un instant nos baguettes entre deux bouchées. On remplissait de temps à autre nos coupes d'alcool de riz, mais personne ne buvait plus d'une petite gorgée à la fois. Distillé à partir de pur riz fermenté, cet alcool avait un goût délicieusement suave et légèrement fumé.

Je m'aperçus qu'on le consomme uniquement avec la viande et les légumes; il convient de le terminer avant que le riz soit présenté et, si l'on ne peut le finir, il est admis de le verser dans un interstice du plancher de bambou. Je m'empresse de dire que je n'en fis rien et que je le bus jusqu'à la dernière goutte qui me fut offerte. Mes hôtes avalèrent également le leur avec entrain. Je découvris plus tard que ce n'est pas un élément habituel du repas akha: on le réserve principalement pour les cérémonies et les réceptions.

Une fois vidée la dernière coupe d'alcool, on apporta, de la pièce des femmes, des paniers de riz cuit à la vapeur, qui furent déposés sur le sol, entre les convives. Le riz de montagne a une saveur de noisette caractéristique et une texture plus accentuée que le fade riz blanc de plaine. Il arriva fumant, mais tout à fait sec; on devait le rouler en boulettes avec les doigts et le porter à la bouche sans se servir de cuillère ou de baguettes.

Le repas terminé, les anciens allumèrent des pipes à long tuyau et m'en offrirent une. Je me mis à fumer avec eux pensivement. Le repas akha ne comporte pas de dessert mais Abaw Baw Soe nous servit d'innombrables tasses d'un thé de forêt qui me parut fort stimulant. De la pièce des femmes, un petit garçon vint desservir les plats et emporter la table, le tout ne pesant que quelques centaines de grammes. A travers la cloison, je vis les femmes rincer la table avec l'eau d'une calebasse, puis la ranger sur une étagère. Les femmes entrèrent ensuite pour balayer notre pièce, que les chiens avaient déjà fort proprement nettoyée, mais ce balayage est un élément essentiel du repas de cérémonie. Nous n'étions pas censés quitter notre pipe des yeux pendant toute cette opération.

Vint enfin pour le Dr von Geusau l'heure de partir. Les routes sont dangereuses après la tombée de la nuit: des bandits peuvent se tenir en embuscade derrière chaque tournant de la piste. Tout étranger qui a séjourné quelque temps dans ces montagnes s'est fait dévaliser au moins une fois. Du porche, nous regardâmes l'anthropologue s'éloigner en voiture avec M. Boontham, puis nous fîmes à travers le village une promenade vespérale, observant, devant quelques maisons, les allées et venues de chacun, tandis qu'à nos pieds, imperceptiblement, le crépuscule envahissait les plaines.

Le rôle de la femme akha

Dans un village akha, la sphère d'activité des femmes est très distincte de celle des hommes. Les milliers de vers de poésie où sont consignées les coutumes et traditions de ce peuple non seulement attribuent à chaque sexe ses tâches respectives, mais divise le monde en zones masculine et féminine — à commencer par la maison, qu'une cloison sépare en pièce des hommes et pièce des femmes. Le village, la forêt, les pistes et les lieux où elles conduisent sont territoire masculin ; la maison, ses abords immédiats et les champs sont le domaine réservé des femmes. Les hommes, en général, cuisinent les plats de viande pour les repas et, occasionnellement, aident à certaines besognes domestiques — par exemple, balayer le plancher ou nourrir les animaux. Mais ce sont les femmes qui dirigent la maison et qui se lèvent les premières pour l'approvisionner en choses essentielles : eau, bois, riz, fourrage pour les bêtes. Chaque stade de la préparation du riz incombe aux femmes, de même que tout ce qui touche à l'artisanat du textile, depuis la culture et la cueillette du coton jusqu'aux travaux de broderie et de réparation des vêtements.

Seule la toute petite fille peut jouer toute la journée, mais elle commence à travailler très jeune. « Passé sept ans, dit un texte akha, elle peut apprendre à casser du bois... Passé huit ans, elle peut apprendre à aller chercher de l'eau. » Avant ses treize ans, l'adolescente travaille aux champs, et le reste de sa vie ne sera qu'une longue suite de devoirs à remplir. Et même la vieillesse lui apportera peu de répit. Les grands-mères continuent à travailler dans les limites de leurs forces. Elles restent à la maison, cousent, cuisinent, élèvent leurs petits-enfants, pendant que leurs descendants se rendent aux champs.

Pour toutes, cependant, il y a des moments de détente. Avant le mariage, les jeunes filles vont danser et chanter presque tous les soirs sur l'aire de danse ; les femmes mariées se groupent alentour pour écouter les chansons des jeunes, ou se réunissent autour du foyer de l'une d'elles. Mais, même pendant ces heures de délassement, leurs mains restent rarement oisives : elles cousent, filent ou enfilent des perles, sans cesser de rire et de bavarder.

Des femmes ramènent au village du chaume pour les toits. L'une conduit un cheval de bât, deux autres suivent, ployant sous leur énorme faix.

Parée de son costume traditionnel et de ses bijoux d'argent, une femme akha revient de son champ avec un panier de coton qu'elle vient de cueillir ; par la suite, elle le filera et le tissera elle-même. Les femmes akha sont ainsi vêtues tous les jours, même pour travailler aux cultures ou en forêt.

Assise sous son porche, une femme « carde » le coton, avant de le filer, au moyen d'une tige de bambou incurvée en arc et tendue par une ficelle. Elle plonge cet instrument dans la masse du coton, tire sur la corde, et les vibrations émises soulèvent le coton et en dissocient les fibres. Pour le filer au fuseau, elle façonnera ensuite le coton en rouleaux.

Une femme remet sur la partie supérieure de sa coiffure des ornements qu'elle vient de laver. Quand elle aura ajouté les éléments posés près d'elle — des disques et des pièces d'argent, et des pompons de plumes —, elle rajustera l'ensemble sur les couronnes de perles et de pièces d'argent qu'elle porte. Les femmes akha retirent rarement leurs coiffures, sauf pour les nettoyer.

Torse nu sous l'intense soleil de midi, une femme rassemble une brassée de lattes de bambou destinées à un toit.

Entassé sur une natte, du riz battu, mis à sécher au soleil de décembre, est transporté dans l'appentis situé devant la maison. Les femmes iront tous les matins y chercher la provision du jour, qu'elles décortiqueront plus d'une heure au mortier à pédale.

D'un bâton menaçant, une vieille femme chasse les volailles pillardes de l'auge où une portée de porcelets vient dévorer sa pâtée. Les porcelets sont généralement nourris à part des porcs adultes, qui risqueraient de ne pas même les laisser approcher. Canards et poulets cherchent souvent leur subsistance eux-mêmes.

A la fin du jour, lors d'un moment de répit, les mères de famille — dont une grand-mère qui fume la pipe — se rassemblent sous le porche d'une voisine. Tandis que les jeunes filles préfèrent passer la soirée sur l'aire de danse, les femmes mariées occupent leurs loisirs à bavarder entre elles.

Deux | A l'abri des portes du village

Au point du jour, je fus réveillé par le son qu'aurait pu produire un timbalier. Il se répercutait à coups répétés dans tout le village : ta-tam-ta (un silence), ta-tam-ta (un silence). Dans la petite cabane que j'occupais derrière la maison du *buseh*, je sortis de mon sac de couchage et j'ouvris la porte de bambou pour jeter un coup d'œil.

Un brouillard matinal masquait le village. Il avait plu toute la nuit — chose rare en décembre dans le nord de la Thaïlande, où, sauf de mai à septembre, le climat est habituellement sec et chaud, bien différent de la touffeur humide qui règne en plaine. Même les plus proches maisons se trouvaient noyées dans les nuages bas, mais j'arrivai à distinguer la machine infernale qui faisait ce tapage. Sous sa maison à pilotis, dans un espace sombre et exigu, ma voisine Abeu, la première femme du village à commencer son travail ce matin-là, décortiquait du riz dans un mortier à pédale. On y voyait à peine, mais Abeu était parfaitement capable de piler du riz les yeux bandés, ayant accompli cette tâche exclusivement féminine presque chaque matin de sa vie depuis l'âge de douze ou treize ans.

Je m'approchai de sa barrière de bambou pour mieux l'observer. Elle appuyait sur la pédale: premier temps. La lourde poutre du mortier remontait dans les fentes des deux piliers porteurs et allait cogner en haut avec bruit: deuxième temps. Le troisième temps, plus faible que le précédent, plus étouffé, se produisait quand le pilon placé au bout de la poutre s'abattait dans le riz. Pendant quelques minutes, Abeu joua ainsi du mortier en solo; puis, à mesure que d'autres femmes, les unes après les autres, lui faisaient écho, tout le village fut ébranlé par le martèlement du décorticage. Abeu, jeune et active, ne s'arrêtait qu'un seul temps entre chaque séquence, mais les femmes moins jeunes ou moins robustes, elles aussi préposées à cette tâche, tendaient à marquer trois temps de repos.

Au bout de quinze à vingt minutes, Abeu bloqua le pilon avec un bâton et, à deux mains, puisa le riz du mortier pour le mettre sur un plateau à vanner fait d'un entrelacement lâche de fines bandes de bambou. Quand elle sortit dans

l'enclos, chargée de son plateau, la fourrure de gibbon de sa coiffure ondula et les pièces d'argent cliquetèrent. Elle se mit à lancer le grain en l'air d'un mouvement léger et rythmé; puis elle secoua le plateau, une-deux, une-deux, en se balançant sur les talons et en ployant la taille. Elle transformait cette tâche quotidienne en une sorte de danse, avec le riz pour partenaire. Les grains, plus lourds, retombaient dans le plateau; la balle décrivait un arc élégant et se répandait, juste en dehors du plateau, sur une natte qu'Abeu avait placée près de ses pieds.

Tout cela était d'une économie de gestes et d'une précision incroyables. C'est à peine si un grain de riz s'échappa du plateau. Ensuite, Abeu tria les impuretés du grain, et versa dans un récipient tout ce qui n'avait pas été décortiqué — environ la moitié —, afin de le remettre au mortier la prochaine fois. Quand un bon tas de balle s'était accumulé, elle le passait à travers un tamis fin. L'enveloppe extérieure du grain, retenue par les mailles, semblait trop dure et trop grossière pour servir de nourriture aux porcs. Pourtant, chaque fois qu'elle versait ce résidu dans la rue, l'un de ces animaux errants se précipitait dessus. Le son, plus léger — et plus nourrissant — passait à travers le tamis et était recueilli dans un autre récipient; il serait cuit avec la soupe des cochons. Ce qui tombait par terre était dévoré par des porcs, des poulets et par les chiens de la maison, qui léchaient aussi la blanche poudre de riz avec une visible satisfaction.

Ayant préparé la ration de la journée, Abeu empila cinq ou six calebasses dans une hotte en bambou et rotin, et partit chercher de l'eau. Un sentier en pente raide descendait à la fontaine, à une centaine de mètres en contrebas de la maison. Du cœur de la forêt, une source canalisée dans une conduite de bambou de 15 centimètres de diamètre amenait l'eau jusqu'à une plate-forme de bois où les gens pouvaient se laver et remplir leurs calebasses. Abeu se lava le visage, les bras et les jambes, remplit tous ses récipients et grimpa la côte avec sa lourde charge.

Quand elle arriva chez elle, le bruit du décorticage du riz avait peu à peu

Statues stylisées d'homme et (dans l'ombre) de femme, dressées dans les buissons près d'une des deux portes symboliques, à l'entrée de Napeh. Les portes — deux montants et un linteau sculptés (encadré) — marquent la limite entre le village et le monde extérieur. Les statues protègent le village des forces maléfiques et, comme les portes, sont renouvelées chaque année.

cessé dans le village. Ses jeunes beaux-frères, qui avaient continué à dormir dans ce tapage, avaient quitté leurs nattes et faisaient du thé en attendant le petit déjeuner. Abeu disparut avec son eau dans le fond de la maison pour se mettre à cuisiner. Après avoir mangé du riz relevé de quelques piments, l'un des frères prit son fusil pour aller chasser en forêt. Les deux autres partirent avec des chevaux de bât pour rentrer le grain d'un de leurs champs. J'étais arrivé au village juste après la moisson, et il ne restait plus qu'à entreposer le riz coupé et battu. Je savais que pendant la plus grande partie de l'année les villageois avaient à peine de quoi manger, mais, à cette époque, il régnait ici une atmosphère de bien-être, car les gros sacs de riz, ventrus comme les dieux chinois de la prospérité, s'entassaient dans le grenier de chaque famille — une cabane située à quelques pas de la maison.

A d'autres époques de l'année, le village était vide de femmes et de la plupart des hommes, occupés aux incessants et pénibles travaux de binage et de sarclage des champs, situés parfois à deux heures de marche. Mais, pendant un bon mois après la moisson, nombre d'habitants à Napeh demeuraient chez eux toute la journée: les femmes tissaient la toile, les hommes tressaient des paniers, consolidaient les clôtures, réparaient les toits. Dans un village akha, chacun travaille dès qu'il est assez grand pour participer aux tâches familiales. Les gens âgés sont constamment actifs, surtout les vieilles femmes: elles cuisinent, cousent, coupent des tiges de bananiers, nourrissent les animaux, surveillent les enfants les plus jeunes.

Près des champs de riz, deux enfants s'éclaboussent d'eau de source, avant de remplir les calebasses qu'ils apporteront dans leur grand panier aux travailleurs des champs pour les désaltérer. Les Akha estiment qu'à six ou sept ans les enfants sont en âge d'aller chercher de l'eau et de ramasser du bois dans la forêt.

Ce premier matin-là, le *buseh* Abaw Baw Soe m'avait invité à partager son petit déjeuner ; je traversai donc son enclos et gravis l'échelle qui menait à sa porte. Il était occupé à cuisiner, et je profitai de l'occasion pour examiner la maison où il vivait avec sa vieille mère, son épouse, son fils et sa bru, et ses trois petits-fils. Comme toutes les habitations akha, celle-ci, entièrement construite en produits de la forêt, était un miracle d'ingéniosité : du bois dur dégrossi à la cognée pour les montants et les traverses ; de l'imperata coupé et séché pour le chaume du toit; et tout le reste en bambou. Des bambous formaient le réseau de chevrons qui soutenaient la toiture ; d'autres, les entretoises à hauteur de plafond ; d'autres encore, les solives et les supports d'étagères ; enfin, des bambous, fendus et aplatis, constituaient les planchers, les murs et la cloison centrale. Toute cette structure, assemblée et équilibrée avec élégance, était assez solide pour résister aux plus fortes tempêtes des moussons locales.

La cloison divisait la maison sur sa largeur en deux moitiés, celle des hommes et celle des femmes, mais, à une extrémité, elle n'allait pas jusqu'au mur et laissait un passage permettant les allées et venues des membres de la famille. Un grand foyer — une caisse de bois carrée remplie de terre — s'encastrait dans le sol de chaque demi-pièce, de part et d'autre de la cloison, et, ce matin-là, un feu brûlait dans chacun d'eux. Juste à côté, la solive maîtresse, traversant la maison sur sa longueur, partageait fonctionnellement chaque demi-pièce en une zone réservée au sommeil et une autre à la vie active des membres de la famille.

Cette répartition de l'espace intérieur entre les hommes et les femmes, la nuit et le jour, n'est qu'une des multiples traditions qui régissent le moindre détail de la vie des Akha — de même que les textes poétiques, conservés dans une forme archaïque de la langue, ne sont qu'une faible partie de la totalité de l'*Akhazang*. Au cours de mon séjour, j'acquis de plus en plus l'impression que les villageois puisent dans l'organisation minutieuse de leur existence le sentiment rassurant de connaître l'ordre des choses et la place qu'ils y occupent. Je découvris peu à peu que, sous son naturel apparent, la vie d'un village akha est faite d'un tissu complexe de règles non écrites de l'*Akhazang*, qui régissent les relations des villageois entre eux, avec les animaux, avec la nature et ses puissances ; ces règles spécifient la manière d'accomplir toute chose : bâtir une maison ou fonder un village, planter le riz ou servir un repas, fêter l'année nouvelle ou traiter avec des groupes de l'extérieur. Les Akha n'établissent pas de distinction réelle entre le plan du rituel et des préceptes de comportement et le plan du profane et du quotidien. A leurs yeux, les activités des hommes sont étroitement liées au monde qui les entoure, et leur souci premier est d'accomplir leurs actes de la manière, au moment et au lieu prescrits, afin de se maintenir en harmonie avec l'univers et ses lois, sans compromettre en rien l'équilibre précaire qu'il a atteint.

Dans la journée, il y avait chez le *buseh* un va-et-vient constant dans la pièce des hommes. Des visiteurs, du village même ou des hameaux voisins, se présentaient de temps à autre et se mettaient à discuter de la récolte de riz ou du perpétuel problème de leurs rapports avec les autorités thaïlandaises. Ils buvaient le thé ou l'alcool de riz qu'on leur offrait et fumaient leurs longues pipes à embout d'argent. On disposait des nattes de bambou pour qu'ils puissent s'asseoir, et je notai que, si un invité qui mâchait du bétel avait envie de cracher, il soulevait poliment un coin de sa natte et visait un interstice du plancher de bambou.

Le côté des femmes était plus sombre et moins fréquenté que celui des hommes. Sur l'une des parois de la maison, à une cinquantaine de centimètres de la cloison, se trouvait accroché un récipient cylindrique en bambou, qui surmontait un panier à couvercle, de un mètre de haut environ, — objets utilisés lors des cérémonies d'offrande aux ancêtres, qui ont lieu plusieurs fois par an dans chaque foyer. Cet endroit de la maison est particulièrement important.

Sur un foyer plus petit, dans un coin, mijotait un plein chaudron de soupe pour les porcs — des tiges de bananier coupées en rondelles comme d'énormes oignons, mêlées à de l'eau et à du son de riz. Comme ce liquide était généralement bouillant, on y lavait aussi la vaisselle. Au-dessus du foyer principal des femmes, et hors d'atteinte des flammes, était suspendue une étagère à claire-voie, qui servait à ranger les ustensiles de cuisine et les calebasses, et à faire sécher des aliments.

Du côté des hommes, sur une étagère semblable, s'alignaient toutes sortes de crânes, de sabots et d'ossements d'animaux, couverts pour la plupart d'une épaisse couche de poussière et de suie. Quelques-uns de ces trophées, me dit Abaw Baw Soe, ont le pouvoir d'attirer les animaux de la même espèce dans les collets ou les pièges posés en forêt ; d'autres sont censés éloigner les bêtes nuisibles qui pourraient venir dévorer les provisions de la maison ou celles qui sont entreposées dans les greniers.

Bien que la plupart des peuples de la montagne bâtissent, avec les mêmes matériaux, des maisons très semblables, les Akha sont les seuls à ménager, pour les hommes et pour les femmes, des pièces séparées, où ils dorment, à même le plancher de bambou, sur des matelas élastiques en fibre d'écorce, avec des appuis-tête en bois. L'*Akhazang* exige que le mari et la femme dorment à part : le père, de son côté, avec ses fils non mariés ; la mère, de l'autre, avec ses filles non mariées. « Devant une chose gênante, dit un proverbe akha, mets un mur ; devant une bouche qui rit, mets une main. » Cependant, pour que s'accroisse la population, il faut bien que maris et femmes dorment parfois ensemble. Dans les premières années du mariage, alors que le garçon habite encore chez son père, les jeunes gens disposent d'une cabane pour la nuit dans l'enclos familial. Plus tard, quand ils ont leur maison à eux, les relations conjugales deviennent délicates, dans une double pièce où dorment huit à dix personnes. L'anthropologue Hugo Adolf Bernatzik, qui a étudié les Akha dans les années 1930, a noté à l'époque que le père va vers la mère, ou *vice versa*, « quand tout le monde dort », mais que rien, aucune personne ni aucun tabou, n'empêchait les enfants « d'observer ces activités sexuelles dès leur plus jeune âge ».

Aujourd'hui également, les couples avec enfants se montrent très discrets. « Le soir, quand les aînés des enfants sont sur l'aire de danse, m'expliqua l'un de mes amis akha, le mari va chercher son épouse et la conduit dans la pièce des hommes. »

A l'aube, la voie principale qui relie entre eux les trois secteurs de Napeh. Assez large pour servir de pare-feu, cette avenue est aussi, le soir, le lieu de rencontre des adultes du village, tandis que les jeunes se réunissent sur l'aire de danse.

Il est très important, pour un couple akha, d'avoir le plus d'enfants possible, surtout des garçons. Cette préoccupation s'explique très probablement par le taux exceptionnellement élevé de mortalité infantile, qui a sévi pendant des siècles chez ces populations montagnardes pauvres. Il est essentiel d'avoir au moins un fils, non seulement pour la protection de la famille, mais aussi pour la perpétuation des lignées ancestrales, grâce auxquelles les Akha sauvegardent leur identité en tant que peuple.

La plupart des hommes mûrs de Napeh vivent là depuis la fondation du village, il y a une vingtaine d'années. Avec leur femme et leur famille, de Kajeh, l'une des premières colonies akha de Thaïlande septentrionale, fondée vers 1925 tout près de la frontière birmane, ils étaient partis vers le sud afin de fuir cette région frontalière où opéraient des groupes armés. Ces familles de Kajeh quittèrent le Nord-Ouest de la province de Chiang Rai, où sont concentrés en grande majorité les quelque 140 villages akha de Thaïlande (et où les autorités préféreraient les voir rester), et parcoururent plus de 100 kilomètres avant de s'établir sur un versant, à environ 1000 mètres d'altitude, en un lieu où une chaîne secondaire orientée est-ouest se détache de la chaîne principale orientée nord-sud. De là, des vues magnifiques s'offrent sur les contrées environnantes (mais, pour les Akha, cela va de soi), et plusieurs sources fournissent de l'eau potable presque toute l'année. Le site répondait aux exigences pratiques des fondateurs : le sol était fertile et de grandes forêts paisibles s'étendaient alentour. Mais il fallait d'abord s'assurer que ce choix était bon sur le plan cosmique, en procédant à la cérémonie prescrite par l'*Akhazang*.

Pour savoir si le site était propice, le *dzoema* laissa tomber par terre, au lieu choisi — où avait été tracé sur le sol un motif symbolisant un village —, un œuf qu'il tenait derrière son oreille droite. Selon la loi akha, la forme prise par l'œuf cassé indique si les routes qui aboutissent au village lui apporteront chance, argent, bétail et bons travailleurs. La Nature, dans son infinie sagesse, a fait les œufs fragiles ; quand on les laisse tomber de la hauteur de l'oreille d'un homme — même plutôt petit, comme c'est fréquent chez les Akha —, il a généralement le bon goût de se casser. Mais, m'a-t-on dit, pas toujours. Dans ce cas, le *dzoema* doit se transporter avec son œuf dans un autre endroit et faire un nouvel essai. Si l'œuf résiste une deuxième fois, on recommence ailleurs. Il est arrivé, paraît-il, qu'un œuf refuse jusqu'à trois fois de se casser, obligeant chaque fois les hommes à conclure que le site ne convenait pas à l'implantation.

Il n'y eut pas d'incident fâcheux lors de la fondation de Napeh ; l'œuf se cassa de façon favorable, et dès que la maison du *dzoema* fut achevée, les gens de la communauté purent se mettre à bâtir les leurs. Dans un village akha, personne ne dit à personne où il convient de construire, mais il en résulte invariablement une unité organique qui s'adapte admirablement au site tout en respectant les conventions de l'*Akhazang* — les familles humbles vivant généralement en contrebas, et les familles plus considérées, y compris celles des chefs, en hauteur.

Il me fallut un certain temps pour me faire une idée du rôle du *dzoema*.

Blotti dans son hamac de coton suspendu entre deux poteaux, un bébé dort paisiblement sous le porche couvert de la maison du chef du village. Les os desséchés accrochés à une poutre au-dessus du berceau sont les vestiges de présents apportés par les chasseurs du village : au chef est toujours réservé le membre antérieur droit de tout gros gibier abattu.

Son ascendant considérable sur le village lui vient plus de sa personnalité et de sa connaissance de l'*Akhazang* que de sa position même. Un conseil d'anciens — âgés de quarante-cinq à cinquante ans — se réunit pour prendre au jour le jour les décisions concernant querelles, vols et adultères. En cas de crise — épidémie, incendie, attaque de bandits —, tous les chefs de famille se rassemblent pour délibérer des mesures à prendre. Dans cette société égalitaire, le *dzoema* préside les réunions, fait office de juge, tranche les litiges particuliers. Sur ses avis, les anciens choisissent les jours propices à la plantation, à la récolte du riz, etc., et le *dzoema* organise les cérémonies qui accompagnent ces importantes activités.

A Napeh, village d'une taille et d'une importance supérieures à la moyenne, il y avait, au-dessous du *dzoema*, un autre échelon d'organisation. Comme je l'ai dit, il existait trois groupes de maisons, reliées par des voies plus ou moins larges. J'appris bientôt que chacun de ces groupes constituait un « sous-village » doté de son propre chef, l'un de ces chefs faisant office de *dzoema* pour l'ensemble.

Un peu moins vénérable, la fonction du *buseh* est cependant antérieure à celle qu'il assume aujourd'hui en Thaïlande de traiter avec les autorités et les représentants du gouvernement — instituteurs, policiers, fonctionnaires des forêts — qui résident dans le village à titre temporaire ou permanent. Les Akha montagnards ayant été pendant tant de siècles de leur longue histoire confrontés aux civilisations plus puissantes des plaines et des vallées, il a toujours été vital pour eux de compter parmi eux un homme d'expérience qui soit leur porte-parole. En fait, un *buseh* à la forte personnalité peut exercer, sur les affaires du village, une influence infiniment supérieure à celle du *dzoema* lui-même. Le forgeron, dont les fonctions sont définies par les textes de l'*Akhazang*, occupe lui aussi une place importante, en partie pratique, en partie cérémonielle. Il est une sorte de maître architecte, qui conseille les villageois pour toutes les constructions.

En général, cependant, c'est le *dzoema* qui est le guide — reconnu, mais non imposé — du village, et si un chef de famille est mécontent de la conduite des affaires, il est libre d'aller vivre dans une autre communauté. Les familles apparentées, installées dans des villages différents, entretiennent de solides liens d'affection et d'entraide. Pourtant, plusieurs familles font parfois scission et s'en vont fonder un nouveau village. Elles doivent alors se trouver un *dzoema*, à la fois chef et sage, versé dans les règles de l'*Akhazang* — celles, en particulier, qui concernent ses propres fonctions. Dans une communauté sédentaire, la dignité de *dzoema* se transmet souvent de père en fils, mais, lors de la fondation d'un village, ce sont les anciens qui choisissent pour *dzoema* celui d'entre eux qui est le plus qualifié par sa personnalité et par son savoir; il devra, de préférence, être issu du même clan que la majorité des habitants du village nouvellement établi.

Pour sa petite-fille, une grand-mère fabrique un jouet vivant en passant une ficelle de coton à travers le bec d'un oiseau capturé en forêt par un chasseur. A l'autre extrémité de la ficelle est attachée une baguette, que l'enfant tiendra pour guider l'oiseau captif qu'elle fera voleter et sautiller autour d'elle.

Mais le savoir ne suffit pas; la naissance importe aussi. Nul ne peut être admis *dzoema* s'il y a eu un scandale dans sa famille, ou bien des jumeaux ou des enfants malformés. Pour les Akha, ce sont là des naissances contre nature, et les nouveau-nés sont étouffés sur-le-champ, avant la cérémonie d'attribution du nom qui les ferait entrer dans la communauté akha. Ce préjugé contre les jumeaux est certainement lié à l'écrasante charge qu'ils imposeraient à la mère : celle-ci, dans une société au niveau de subsistance perpétuellement critique, doit continuer de travailler aux champs pour survivre. Mais il fait également partie des croyances plus générales qui, pour les Akha, donnent un sens au monde. Le monde humain du village doit à tout prix rester distinct du monde des animaux et des esprits. Les naissances uniques caractérisent les hommes ; les naissances multiples, les animaux ; les jumeaux d'une mère humaine déséquilibrent l'ordre établi tout autant qu'un rejeton unique né d'une chienne ou d'une truie.

La famille d'un *dzoema* éventuel doit aussi, autant que possible, ne pas être entachée d'une « mort horrible » — aucun décès ne doit s'y être produit hors du village ni surtout par la violence. Selon l'*Akhazang*, l'homme doit mourir dans son lit, et si le *dzoema* ou l'un de ses parents déroge à cette règle, la prospérité du village en souffrira, car on estime qu'il devait déjà y avoir quelque chose de suspect dans la famille du chef de la communauté pour qu'elle subisse une telle disgrâce.

Au printemps qui suivit la fondation de Napeh, le *buseh* eut à accomplir une deuxième cérémonie solennelle : l'érection de deux portes sculptées, l'une au-dessus et l'autre au-dessous du village. Indépendantes de tout mur ou clôture, elles se composent toujours de deux montants et d'un linteau massifs, en bois. Le linteau est décoré de sculptures d'oiseaux — qui ont pour but d'empêcher les faucons de faire trop de victimes parmi les poulets du village — et de divers autres symboles. Des guirlandes de bambou festonnent les montants, et, lorsqu'une des nombreuses cérémonies annuelles du village est en cours, on fixe sur la porte plusieurs grands astérisques en bambou fendu, afin d'avertir les étrangers de ne pas entrer avant la fin des célébrations. Les Akha sont les seuls montagnards de Thaïlande à posséder ces portes gardiennes, mais, en Birmanie, certains peuples prennent de semblables mesures de précautions.

Les portes du village marquent la ligne de séparation entre les humains qui vivent en-deçà et toutes les forces qui vivent au-delà ; elles constituent la principale défense psychologique des habitants contre les vampires et les loups-garous, les léopards et les tigres, et, comme le disent les Akha, contre tout ce qui est néfaste et destructeur : petite vérole, lèpre et épilepsie, bandits et voleurs, mort violente au loin ou mort subite à la maison. Les visiteurs ne sont pas obligés de passer par l'une de ces portes, car, de toutes les directions, de petits sentiers convergent vers les habitations, et l'ensemble du village n'est pas clôturé. Mais cette limite idéale est très réelle pour les Akha ; elle conditionne leurs déplacements et leur activités.

Tout autour de l'agglomération règne une ceinture de forêt non défrichée, où chacun peut aller pratiquer la cueillette, chasser le petit gibier et couper du bois pour les usages domestiques. Mais une clôture, matérielle celle-là, barre les chemins qui sortent de cette zone de forêt, afin que les animaux du village n'aillent pas ravager les cultures de riz, d'une importance si vitale, disséminées au-delà sur une vaste étendue. Au cours de leur existence harcelée, les Akha ont souvent trouvé abri et protection à l'intérieur de cette

Un plan immuable

La maison akha typique est construite sur une pente, contre laquelle un de ses murs prend appui, tandis que le mur opposé est dressé sur pilotis. Sa pièce unique — qui mesure en général 3 mètres sur 6 — est divisée jusqu'à hauteur d'épaule par une cloison qui sépare le côté des hommes de celui des femmes, chacun ayant sa propre entrée. Une grande solive médiane délimite au sol la zone de repos et la zone de séjour.

La vie de la maison est centrée autour de deux foyers situés de part et d'autre de la cloison ; un troisième, près de l'entrée des femmes, sert à cuire la pâtée des porcs. Également chez les femmes se trouvent un panier et une urne de bambou, réservés à des cérémonies célébrées en l'honneur des ancêtres.

Comme une maison akha abrite en moyenne huit personnes ou plus, ce sont les murs et l'espace sous le toit qui servent au rangement. Sous les combles, une plate-forme reçoit les nattes et les paniers de réserve ; les aliments sèchent au-dessus des foyers, et les ustensiles se placent sur des étagères. Devant l'entrée des hommes une terrasse permet de faire sécher la toile et les aliments, et l'on peut s'y réunir avec des voisins.

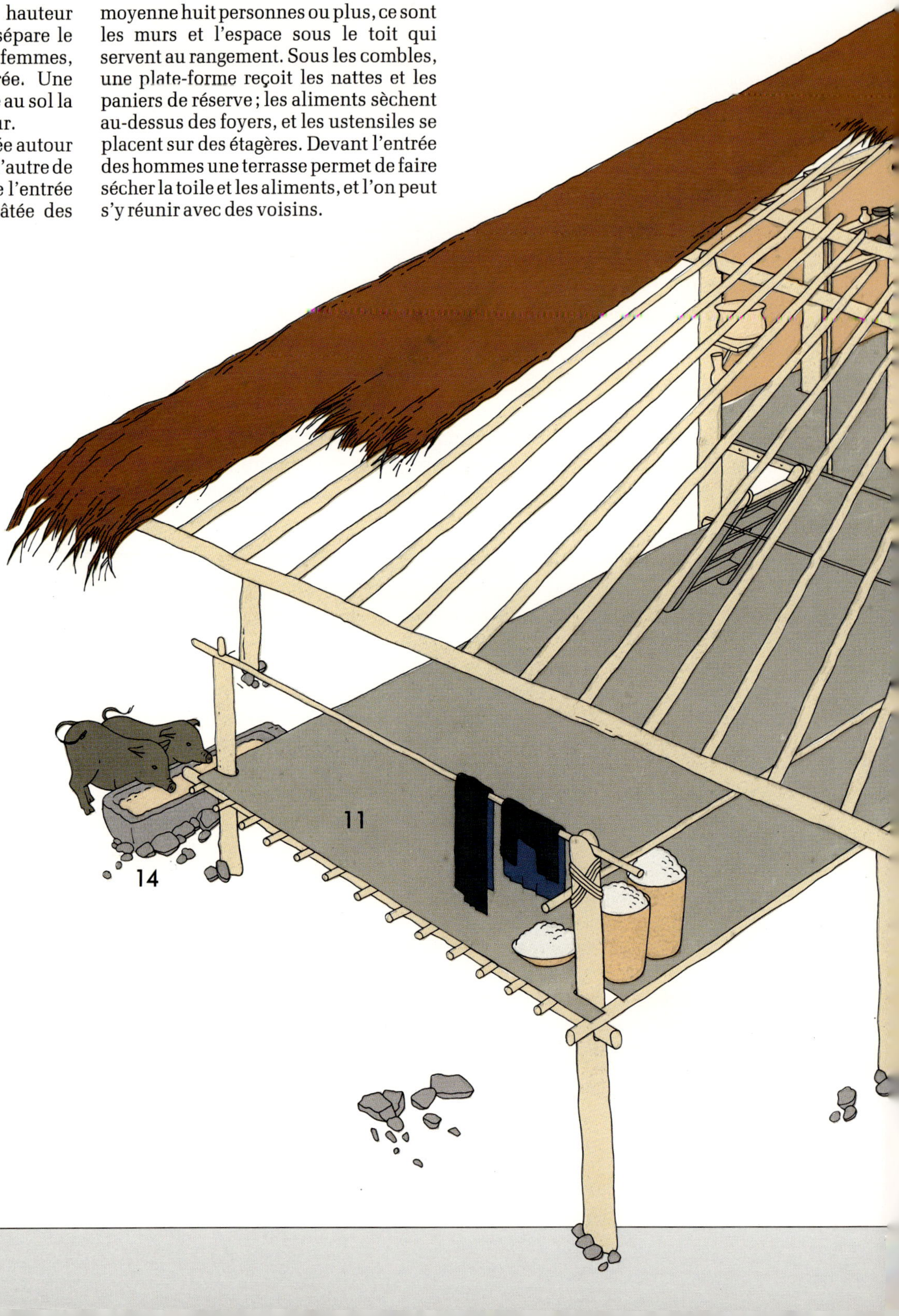

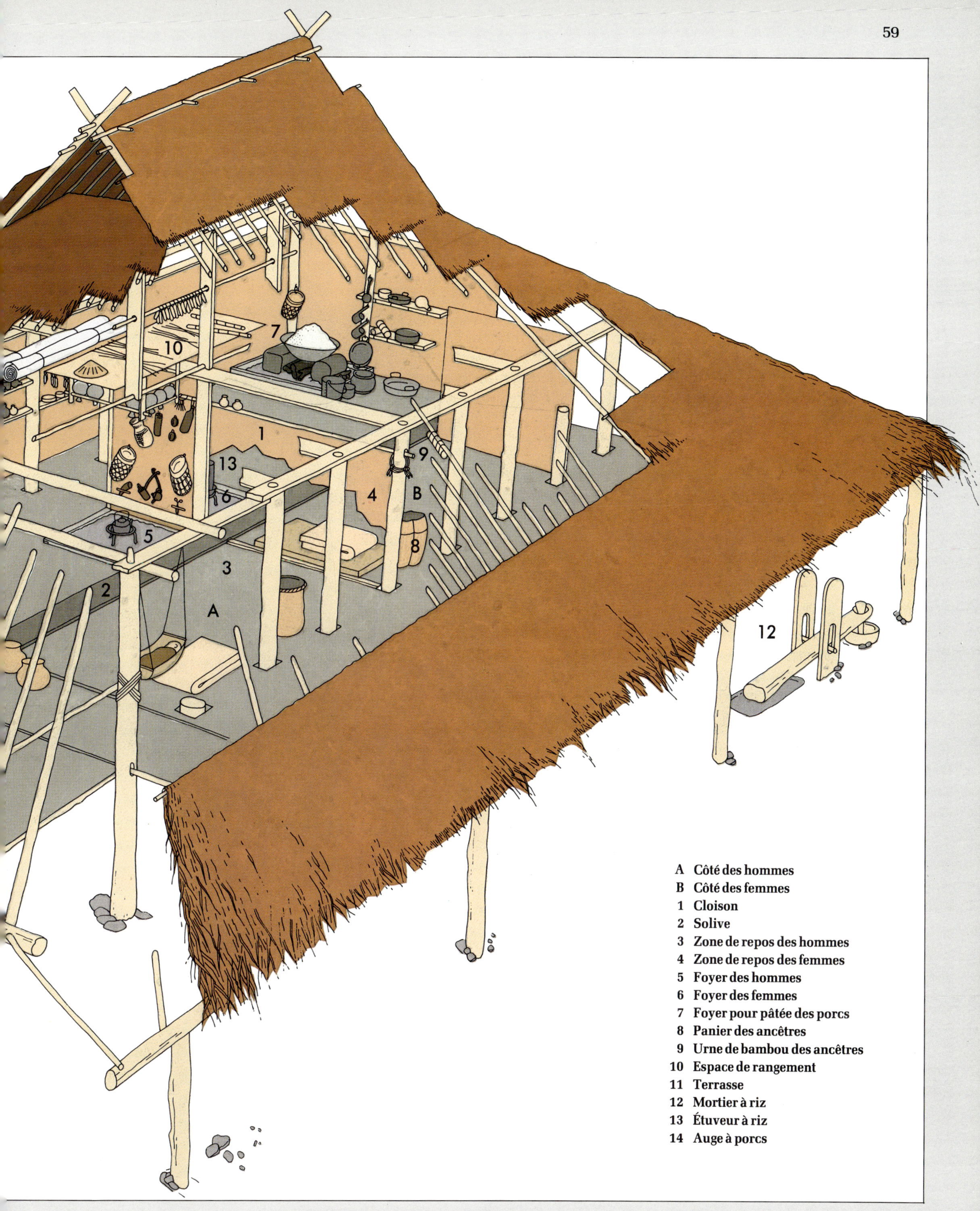

A Côté des hommes
B Côté des femmes
1 Cloison
2 Solive
3 Zone de repos des hommes
4 Zone de repos des femmes
5 Foyer des hommes
6 Foyer des femmes
7 Foyer pour pâtée des porcs
8 Panier des ancêtres
9 Urne de bambou des ancêtres
10 Espace de rangement
11 Terrasse
12 Mortier à riz
13 Étuveur à riz
14 Auge à porcs

ceinture forestière traditionnelle. En Thaïlande, cependant, la raréfaction des terres, due à la surpopulation des villages et aux empiètements des paysans des plaines, provoque en bien des cas la diminution de cette marge salutaire de forêt, en même temps que l'utilisation intensive et l'épuisement des champs défrichés.

A côté des portes de chaque village se dressent toujours, l'une près de l'autre, deux statues en bois sculpté — un homme et une femme, nus, en demi-grandeur nature. Ce sont des représentations stylisées, étirées, avec des organes génitaux importants, taillées dans des fourches de bois tendre. Leurs prédécesseurs gisent sur le sol. De même que les portes, ces statues sont renouvelées chaque année au cours de la fête du printemps, mais on laisse sur place celles des années précédentes, de sorte qu'on peut déterminer l'âge d'un village en comptant le nombre des portes accumulées — comme les anneaux d'un tronc d'arbre. Mais, finalement, elles s'effondrent, pourrissent et sont envahies par les ronces et les plantes grimpantes. Les Akha eux-mêmes ne connaissent pas exactement la signification de ces statues. Certains anthropologues y voient des symboles de fécondité; en Birmanie, semble-t-il, les Akha croient que s'ils façonnent des figures féminines opulentes, il naîtra beaucoup d'enfants dans le village. Mais les textes akha laissent penser que ces personnages nus placés aux portes ont en fait pour mission d'effrayer les forces dangereuses.

La vie d'un village akha est régie par d'innombrables règles, dont peu paraissent rationnelles à première vue: ne pas toucher aux portes, ne pas détruire les termitières dans les champs de riz, ne pas boire d'alcool de riz en même temps qu'on mange du riz. A la réflexion toutefois, certaines prescriptions ont un caractère pratique: la préparation rituelle du riz, par exemple, en assure l'hygiène. D'autres se justifient doublement: avoir des rapports sexuels dans les champs, en plein jour, c'est à la fois empiéter sur les heures de travail et manquer de respect à l'esprit — ou à la force vitale — du riz. De même, nul ne peut s'absenter pour travailler aux champs, chasser ou ramasser du bois en forêt les jours où le village invite les ancêtres pour les honorer d'offrandes. L'interdiction de se peigner les cheveux certains jours de cérémonie souligne le constant souci qu'ont les Akha de faire chaque chose en son temps, conformément aux textes anciens, en vue de s'insérer exactement dans l'ordre cosmique tel qu'ils le conçoivent.

Tous les villageois, bien sûr, ne connaissent pas les arcanes de l'*Akhazang*, ce qui explique l'importance d'un autre personnage public de l'organisation akha, le «chef instructeur», ou *pima*. Le *dzoema* a pour charge principale la prospérité du village dans son ensemble, mais, si quelqu'un a besoin d'aide individuelle, il s'adresse au *pima*, qui perpétue le savoir contenu dans les textes rituels. Contre honoraires — en général, une partie de la viande ou de l'argent prévus pour la cérémonie —, le *pima* psalmodie les longs versets qui doivent accompagner certaines célébrations — parmi lesquelles les obsèques — ou qui peuvent contribuer à guérir les malades; dans ce cas, il cherche à recapter l'âme du patient, censée s'être égarée dans le monde des esprits.

Il connaît aussi les rites capables d'éloigner le malheur de celui qui en a

Deux garçons dévalent une pente sur un chariot à trois roues, en bois et en bambou. Traditionnellement, ce sont les pères ou les aînés qui construisent ces jouets, mais, en grandissant, les enfants apprennent bientôt à les fabriquer eux-mêmes.

eu le pressentiment par un rêve ou un événement de mauvais augure, et ses récitations fortifient l'âme contre les menaces.

Comme l'étude des poèmes sacrés exige des années de patient travail, nombre de villages n'ont pas de *pima* attitré. Le *pima* de Napeh était souvent appelé à diriger des cérémonies dans les hameaux akha avoisinants. Aucune communauté, en revanche, ne peut exister sans son *dzoema*, indispensable à la conduite des affaires intérieures, et toutes doivent avoir un *buseh* — choisi pour ses talents diplomatiques et sa connaissance de la langue thaï —, qui a la charge des affaires extérieures au village.

Mon premier après-midi au village, je le passai assis devant la porte d'Abaw Baw Soe, du côté des hommes, où une sorte de terrasse en bambous fendus, plus basse que le reste de la maison, mais surélevée de quelques pieds, servait d'endroit à tout faire. Là les femmes cousaient, les enfants jouaient, les piments et les plantes de la forêt séchaient au soleil, et là on suspendait la toile neuve fraîchement teinte. Avec son plancher confortablement élastique, des sacs et des paniers pour s'adosser, cette plate-forme aérée était un lieu commode pour observer l'animation générale.

De jeunes mères passaient, portant leur bébé dans un morceau de toile enroulé autour de leur dos. Les nourrissons pleuraient rarement; ils semblaient dormir tout le temps, bercés par un mouvement constant. Chaque fois que les mères s'arrêtaient, elles se livraient sur place à une curieuse petite danse qui imprimait à tout leur corps un balancement régulier — deux temps en avant, deux temps en arrière. Un moment, je vis ainsi quatre ou cinq mères de famille faire halte pour échanger quelques nouvelles et se trémousser toutes sur place comme des danseuses, avec leur bébé dormant à poings fermés sur leur dos.

Il était moins facile de faire tenir tranquilles les enfants de deux ou trois ans. Ils sont d'ailleurs les seuls Akha que je vis jamais animés du moindre esprit de rébellion. En général, les villageois étaient très doux avec eux, mais, quand la persuasion échouait, une bonne gifle réglait souvent la question. Je me souviens d'un petit garçon qui s'était sauvé dans la rue, poursuivi par sa grande sœur, dont la haute coiffure lançait, dans sa course, des éclairs d'argent. Elle l'appela ; il ne se détourna ni ne répondit. Elle rattrapa le petit désobéissant et lui administra une sérieuse taloche sur l'oreille. Puis, sans prendre garde à ses larmes, elle le prit tendrement par l'épaule et lui fit remonter la pente vers la maison.

Des poulets caquetaient et grattaient la terre de l'enclos sous la terrasse. Partout des chiens, des cochons, des vaches, des chèvres et des chevaux. Au cours des quelques semaines suivantes, je passai de nombreuses heures sur mon observatoire et je pus constater l'importance qu'ont les animaux dans la vie des Akha. Quoi qu'ils fassent — qu'ils mangent, qu'ils dorment ou qu'ils travaillent —, ils sont toujours à portée. A table, les chiens se tiennent à côté de vous et nettoient les assiettes si on ne les chasse pas. Les canards, telles les oies du Capitole, défient les visiteurs qui s'approchent du village; les chèvres et leurs chevreaux, à moins qu'on ne les repousse énergiquement, s'aventurent sur les marches des maisons. Mais des règles strictes s'appliquent toutefois à ces animaux omniprésents. Porcs, vaches, chèvres et chevaux ne doivent jamais pénétrer dans la maison, qui doit être rituellement nettoyée si cela se produit. Un porc ou une chèvre sur le toit est un signe de très mauvais augure et il faut reconstruire la maison. Mais chacun semble trouver naturel d'être à tout moment interrompu dans ses occupations par les intrusions des animaux. Des chiens commencent à se battre au milieu du petit déjeuner, et quelqu'un doit leur jeter un seau d'eau pour les séparer. Des cochons se lancent dans vos jambes quand vous allez à tâtons, la nuit, dans la forêt, qui sert de lieux d'aisances. Si l'on devait enregistrer une bande sonore de la vie quotidienne d'une maison akha, on entendrait quelque dix-sept cris d'animaux (aboiements, grondements, grognements, hennissements) pour un seul son émis par un humain.

Un village akha m'apparaît comme une communauté d'êtres libres, coexistant par consentement mutuel. Dans les chaumes d'un champ de riz moissonné, on met souvent à paître des chevaux que rien n'empêche de s'échapper, ce qu'ils font rarement. On permet aux vaches — on les incite même — à aller en forêt se nourrir de jeunes pousses de bambou. Les porcs sont également libres d'y aller fouir, bien que leur auge de bambou soit remplie tous les jours dans l'enclos familial. Noirs et à demi sauvages, les cochons akha sont certainement les mangeurs les plus gloutons que j'aie jamais vus : d'un seul coup de langue, ils vident leur auge en jouant des mâchoires à une vitesse incroyable. Chaque propriétaire semble reconnaître les siens, et si un porcelet étranger se faufile au bord de l'auge, il est fermement éjecté par les femmes qui distribuent la pâtée. Les cochons, de même, reconnaissent leurs maîtres et réagissent instantanément à la voix qui les appelle pour manger. C'est aussi le cas des poulets qui, eux, sont nourris moins systématiquement et doivent, pour l'essentiel, chercher leur propre subsistance. Mais ils coopèrent avec les cochons dans l'intérêt des deux parties. J'ai vu un poulet perché sur le dos d'un cochon pour lui chercher les puces, et un cochon présenter son groin à un poulet afin qu'il l'épouille. Les œufs ont pour les Akha une signification symbolique. On ne les consomme que cérémoniellement. Par exception, on en donnera à un enfant malade, mais ils ne font pas partie du régime quotidien. La plupart sont mis à couver, et l'on voit chaque poule suivie, partout où elle picore, d'une ribambelle de poussins en déroute.

Presque tous les animaux de la montagne sont moitié moins grands que leurs congénères de la plaine. Les petits chevaux akha ont rarement plus de douze mains de haut — de simples poneys selon les normes occidentales —, et se révèlent aussi robustes que les chevaux tibétains dont ils descendent vraisemblablement. On les monte rarement, mais de temps à autre, un garçon, chevauchant à cru, parcourt au galop la grand-rue du village pour montrer que c'est possible. En dépit de leur petitesse, les chevaux akha, lourdement chargés, transportent les marchandises sur de longues distances, d'un village à l'autre. Ils ont le pied sûr mais, sur les pistes les plus escarpées qui sortent du village, même eux ont du mal à garder l'équilibre. Le chemin qui va de Napeh au village voisin court le long d'une pente qui tombe à pic sur environ 120 mètres, et quiconque trébucherait sur l'étroit sentier ne serait pas arrêté dans sa chute par un arbre avant 15 ou 30 mètres. Les Akha tapent leurs chevaux sur la croupe et s'accrochent à leur queue, en espérant que tout ira bien, un peu dans l'état d'esprit des gens qui se lancent sur les montagnes russes à la foire.

Les bovins sont du même petit gabarit que les chevaux ; on ne les élève que pour la viande (qui est vendue, plutôt que consommée), car l'habitude de boire du lait est pratiquement inconnue dans ces régions. Quant aux chiens, ils ressemblent en général au berger allemand, bien qu'ils ne dépassent guère, pour la plupart, la taille d'un fox-terrier.

Les Akha prennent grand soin de leurs animaux et ne mettent aucune méchanceté dans les coups de pied ou les claques qu'ils leur donnent pour les faire obéir, mais ils ne les traitent jamais avec familiarité. L'*Akhazang* déconseille sagement de caresser les animaux — ce qui réduit les risques de transmission des parasites et des infections. Le sort ultime de presque toutes ces bêtes est d'être mangées. Même les chiens. Pour les Akha, comme pour beaucoup de peuples du Sud-Est asiatique, la viande de chien est un moyen économique d'enrichir leur maigre ration de protéines. Mais ils ne considèrent pas tout à fait comme les autres animaux le chien de la maison qui, croient-ils, voit des esprits, indiscernables par les humains, qui menacent la famille. Ils mangeront un chien qu'ils auront acheté, mais non le leur.

Un après-midi, un voisin apporta un jeune terrier chez Abaw Baw Soe. L'animal, inconnu de la famille, essaya de se faire admettre et jappa en remuant la queue. Le *buseh* et ses hôtes descendirent l'échelle de la terrasse, et l'un deux empoigna la laisse du chien. Tandis que celui-ci reniflait l'air, un autre homme vint, par-derrière, lui assener sur le crâne un terrible coup de bâton. Le chien chancela, tomba en avant ; quelqu'un l'attrapa, lui ferma la gueule d'une main et lui trancha la gorge de l'autre — le tout, en une ou deux secondes. La victime n'avait même pas eu le temps d'aboyer.

Sans dépouiller ni vider l'animal, on jeta son corps dans un feu préparé au milieu du chemin. Au bout d'un quart d'heure, il était tout raidi, avec la tête renversée, comme s'il hurlait à la lune. Un peu plus tard, on retira le cadavre fumant des flammes et on le découpa sur la terrasse. Les pattes furent sectionnées et distribuées aux jeunes garçons qui attendaient ; le reste fut débité en côtelettes et en morceaux. C'était un travail d'homme, mais on donna aux garçons attroupés l'occasion de s'y exercer, et ils taillèrent dans les côtes avec une énorme machette. En guise de dérivatif, un combat éclata dans la cour entre deux coqs de la maison ; un troisième intervint, et ce fut bientôt une mêlée générale d'animaux de tous genres. Il y eut ce jour-là du chien et du riz pour le dîner.

En cette occasion, l'animal avait été égorgé et consommé sans aucun rituel ; mais lors de certaines célébrations — publiques ou privées —, des chiens, des porcs ou même un buffle sont présentés au repas dans les formes requises. Le *pima* psalmodie des textes de l'*Akhazang*, et le chef de famille effleure de son couteau les pattes, la tête, le corps et la queue de l'animal sacrifié, avant de l'éventrer. Le foie est alors retiré, et d'après son aspect, le *pima* interprète les augures pour la maisonnée. Vient ensuite le stade le plus réjouissant de la cérémonie : la consommation de la viande.

Pour un repas de famille commémorant la mort d'un parent, on a égorgé un porc. L'animal est maintenu au-dessus d'un grand feu, dans le foyer des hommes, pour flamber ses soies. Ensuite, il sera découpé et cuit à l'eau bouillante dans un chaudron, ou *wok.*

Les subtilités de l'*Akhazang* fournissent aussi l'occasion de varier de temps à autre le régime de riz et de légumes qui est essentiellement celui des Akha. Comme les humains, les animaux ont leurs règles de conduite et leur territoire spécifiques. S'ils s'en écartent, ils mettent l'ordre des choses en péril, et les contrevenants doivent mourir. Une chienne ne doit pas mettre bas dans la forêt, car elle réside dans ou sous la maison. Une truie, au contraire, ne doit pas avoir sa portée dans l'enclos familial, car son domaine réservé est la forêt ; si elle manque à ses devoirs, elle doit être égorgée avec ses petits. Chaque fois qu'une de ces terribles choses se produit, tout le monde est ravi. Il s'ensuit en effet que le peu de richesse du village se trouve ainsi partagé de façon presque aussi imprévisible qu'à la roulette. Et les pauvres y trouvent plus d'avantages que les riches, propriétaires de plus d'animaux.

A la fin du jour, dans la grand-rue — qui sert à la fois de route, de pare-feu et de point de ralliement pour les voyages —, je pouvais voir tous les êtres de la création akha rentrer ensemble au village : les jeunes filles, qui revenaient de la forêt avec des paniers pleins de bois ; les chasseurs, avec quelques oiseaux dans leur carnier ; et tous les animaux — les chevaux, les juments avec leurs poulains, les vaches avec leurs veaux, les chèvres, les chiens et les canards. Bien que le loup n'habitât pas avec l'agneau et que le léopard ne fût pas couché près du chevreau, et bien que je fusse conscient des dures réalités de l'existence akha, cette scène me rappelait le tableau du peintre américain Edward Hicks, *Le Royaume de la paix*, magnifique vision édénique du XIXe siècle, où l'harmonie règne au sein du monde animal.

Mais le vacarme qu'ils faisaient tous n'avait rien de paisible. Aboiements, grognements et mugissements semblaient se relayer pour combler le silence. Et, quelques heures plus tard, c'étaient les garçons et les filles, qui tenaient à grand bruit leur propre réunion dans l'un des lieux les plus importants du village : l'aire de danse cérémonielle, nivelée sur les hauteurs centrales, juste à côté de la porte supérieure. Trois longs bancs de bois disposés à angle droit y formaient un carré ouvert. Là, une soixantaine d'adolescents et d'enfants chantaient et dansaient au clair de lune. Comme le dit le poème akha :

Ce soir, j'irai sur l'aire de danse.
Beaucoup de gens vont sur l'aire de danse,
Autant qu'il en part le matin pour les champs.

Des nuages s'effilochaient dans le ciel, et Orion se levait à l'horizon. Les toits de chaume argentés se découpaient sur la masse sombre de la forêt proche. Des adolescentes formaient des rondes, dansées à petits pas rapides, tout en chantant à l'unisson — ou du moins telle était leur intention — des mélodies à intervalles de cinq tons. Un des garçons avait un tambour conique — une peau tendue sur du bois — qu'il frappait par accès, mais les danseuses ne prêtaient à son rythme qu'une attention intermittente. Elles suivaient le doux balancement de leurs chansons à danser et, de temps à autre, elles entrelaçaient leurs jambes gauches afin de sauter en cercle sur le pied droit.

Au clair de lune, on croyait voir de minuscules Amazones aux casques d'argent étincelants. Par moments, les garçons répondaient en chœur à leurs chants, mais ils se montraient plutôt timides pour danser et chanter. Ils regardaient les jeunes filles exécuter des rondes, des danses sautées, des danses pour courtiser, épaule contre épaule, décrivant des cercles à l'intérieur de cercles, avec des pas simples sur des rythmes de base. Quelques adultes étaient présents, mais ils se tenaient à l'écart. Même les jeunes mères portant leur bébé dans le dos semblaient impassibles et distantes en comparaison de l'exubérance des jeunes filles. Si pétulantes et bavardes qu'elles fussent dans leur propre foyer, elles jugeaient apparemment plus convenable de prendre cet air compassé sur l'aire de danse.

Des gens des plaines à l'esprit borné ont interprété ces danses au clair de lune comme des préludes à des orgies de forêt. C'est absolument faux. J'ai pu, pendant assez longtemps, observer ce qui se passe. Certains adolescents, assis sur les bancs qui leur sont réservés, se donnent de grandes accolades ou se manifestent sans détour leur intérêt mutuel ; mais ce sont là des jeux, non des travaux d'approche. Les garçons courent un peu partout, taquins, chatouilleurs. Une fille de quinze ans peut se faire « attraper » par deux garçons de son âge et faire semblant de se débattre. Mais c'est pour jouer. Des idylles se nouent, assurément, car ces soirées fournissent l'occasion d'un début de rapprochement, et la morale akha autorise les couples à s'égarer dans la forêt, à condition que des liens de parenté trop étroits n'empêchent pas un mariage éventuel. Si l'on convient d'une union, le jeune couple part quelques jours en forêt, juste avant la cérémonie, pour une sorte de lune de miel prénuptiale. Les Akha sont fiers de cette coutume qui symbolise leur liberté de choix, en contraste avec les mariages « arrangés », courants chez nombre de leurs voisins.

L'un des buts réels de ces soirées sur l'aire de danse est de rendre les enfants heureux, en réunissant entre eux tous les jeunes du village. C'est le couronnement de leur journée et l'occasion, pour eux, d'apprendre des chansons, non pas de leurs grands-mères pour une fois, mais d'adolescents de leur âge. La danse se termine bien avant minuit, et chacun rentre se coucher, ayant en vue le travail du lendemain.

S'il n'y a pas de lune, la Voie lactée éclaire leur chemin. La lisière de la forêt s'anime de sons étranges : des cigales qui imitent les oiseaux (il existe vingt variétés de cigales dans la montagne) ; des grenouilles qui coassent, hululent, glougloutent et sifflent. Quand les tambours se sont tus, les animaux peuvent prendre la relève. Si les poules sont endormies, les bovins continuent à mugir et les porcs à grogner pendant toute la nuit, sur un fond sonore de clochettes de vaches et de chevaux.

Les parois de bambou laissent filtrer le moindre bruit, et jusqu'au trottinement furtif d'un petit animal. Quand les choses semblent un peu se calmer, de nouveaux thèmes éclatent dans la cacophonie. Une vache descend la rue du village et vient uriner juste devant la maison. Des chiens hurlent en chœur à la lune. Sous la maison, les cochons se mettent à se battre. Le ronflement serein du grand-père d'à côté ébranle la moitié du village.

Rien de tout cela ne dérange le sommeil des Akha, mais je ne pouvais, moi, faire abstraction de ces bruits insolites. Je demeurais éveillé jusqu'aux approches de l'aube, puis je m'assoupissais, juste à temps pour être réveillé par les décortiqueuses de riz et leur machine infernale.

L'édification de la maison familiale

Assez solide pour durer sept ou huit ans, une maison akha ne nécessite pas plus de trois jours de construction, une fois que les matériaux ont été rassemblés. Les membres de la famille procèdent eux-mêmes au travail, aidés par des amis auxquels on rendra le même service quand viendra leur tour de rebâtir. Comme tout va très vite, les Akha démolissent souvent une maison existante pour en édifier une autre au même emplacement, afin de prendre un nouveau départ après un malheur — un décès dans la famille, par exemple.

Tous les matériaux proviennent de la forêt et des champs environnants. Les poutres maîtresses et les poteaux qui soutiennent le plancher surélevé sont taillés dans des troncs d'arbre dégrossis ; les chevrons, les murs et les planchers sont faits de bambous flexibles ; l'imperata, une haute graminée, procure le chaume de l'immense toit en avancée. Cette architecture domestique est d'autant plus remarquable que les Akha ne possèdent que de très sommaires moyens de mesure, et que les seuls outils dont ils disposent sont un couteau pour couper le bois, une étroite pelle pour forer des trous dans le sol et une machette pour enfoncer les chevilles et façonner les matériaux. Nul besoin de clous ni de vis ; chaque élément est façonné sur place à la dimension, puis encastré, chevillé, attaché ou enlacé à l'autre. Il en résulte une structure à l'assemblage à la fois robuste et souple, capable de résister aux pluies torrentielles et aux vents destructeurs de la montagne environnante.

Une fois prise la décision de construire, on commence par abattre des arbres, façonner les poteaux et fabriquer les centaines de bardeaux de chaume qui couvriront le toit. A l'aube, un jour propice de la semaine — tel le jour du lapin, animal fouisseur —, le chef de famille réunit ses aides pour un repas de fête, avec viande de chien, et l'on se met au travail. On creuse d'abord les trous où s'enfonceront les pilotis. Puis on met en place le pilier des ancêtres — le poteau central de la façade —, qui marque la limite entre le côté des hommes et le côté des femmes. Avant de le dresser, le chef de famille procède à une petite cérémonie d'offrande, en hommage à l'esprit qui lie la maison au sol. L'édification est ensuite très rapide. A la fin du deuxième ou du troisième jour, en général, la famille est déjà installée dans son nouveau foyer. Pour fêter la circonstance, elle invite les anciens du village à un repas, au cours duquel le *pima* récite des passages d'antiques poèmes décrivant la manière dont sont construites, depuis les temps immémoriaux, les maisons des Akha.

Longtemps à l'avance, des gerbes d'imperata sont séchées sur des claies. Attachées ensuite sur de longs bambous, elles formeront des bardeaux de chaume.

Pour le rituel qui marque le début de la construction, un œuf, symbole de santé, est placé en équilibre sur des offrandes dédiées à l'esprit de la nouvelle maison et de la terre qui la soutient. Les grains de riz doivent amener d'abondantes récoltes, et les copeaux d'argent, raclés sur le bracelet d'un des membres de la maisonnée, sont censés assurer la prospérité de toute la famille.

Sous le regard de ses voisins, le chef de famille verse de l'eau dans le trou creusé pour le pilier des ancêtres, qu'on érige toujours en premier. Les grains de riz et les copeaux d'argent ont déjà été déposés dans le trou ; l'œuf sera consommé plus tard, au cours de la journée, lors d'un repas rituel.

Montants et traverses étant mis en place, on recouvre les solives d'un plancher de bambous (premier plan). Au fond, trois hommes installent une poutre

transversale : elle servira de socle à la cloison qui doit séparer traditionnellement, à hauteur d'épaule, le côté d'habitation des hommes de celui des femmes.

En équilibre sur une panne encastrée dans deux des trois montants du toit, un jeune homme attend qu'on lui passe un chevron, qu'il ajustera avec sa machette, placée dans un fourreau de rotin fixé à sa ceinture. De chaque côté du montant en bois, les perches de bambou servent à consolider la structure jusqu'à la mise en place des chevrons.

Par-dessous les chevrons, un homme met en place un bardeau de chaume, afin de pouvoir l'attacher avec des liens de bambou qu'il tient entre ses dents. Ces liens ont été assouplis par trempage dans l'eau. Pour fixer le bardeau, les extrémités des ligatures sont simplement torsadées ; en séchant, le lien rétrécit et le nœud se resserre.

Une jeune fille transporte vers la maison un paquet de bardeaux de chaume, qu'elle passera aux bâtisseurs.

Pour rendre le toit imperméable au vent et à la pluie, on replie sur le faîtage des gerbes de chaume, fixées par des voliges.

La maison est terminée. Le propriétaire nourrit ses porcs, tandis que son épouse et sa mère cardent du coton sur la terrasse qui donne accès à l'habitation. Le toit de chaume vire déjà au brun et se confondra bientôt avec ceux des maisons voisines.

Une journée dans la vie d' **Apoe**

Quand Apoe, adolescente de quatorze ans, se réveilla, ce matin-là à 5 h 30, sur son matelas en fibre d'écorce, dans la moitié de la maison réservée aux femmes, le brillant clair de lune de décembre inondait encore le village, et sa mère était déjà debout. Plus tard, il ferait très chaud, mais, pour le moment, l'air de la montagne était frais et vivifiant. Le soleil ne se lèverait pas avant une heure, et son père continuait à dormir de l'autre côté de la cloison. Un instant, Apoe observa les allées et venues de sa mère, qui portait sa dernière-née — A-eh, âgée de trois ans — attachée sur son dos par un morceau de toile ; puis elle se leva. Elle avait du travail.

Apoe était jolie, douce, plutôt petite pour son âge. Elle avait dormi avec sa jupe de coton indigo, sa chemisette et ses jambières de coton sur lesquels étaient cousues des bandes de toile de couleur. Elle enfila prestement sa veste de coton et mit sa coiffure aux ornements d'argent, en prenant le temps d'ajuster les fils de perles qui en pendaient.

Sa première tâche était de faire cuire à la vapeur, pour le petit déjeuner familial, le riz qui avait trempé toute la nuit. L'ustensile utilisé, un grand tambour ouvert aux deux bouts, consistait en une section de tronc d'arbre évidée, munie, à mi-hauteur, d'un tamis de vannerie qui maintiendrait le riz au-dessus de l'eau, dont la vapeur le cuirait. Elle posa l'étuveur dans un *wok* — une bassine en fer —, où elle versa de l'eau, et plaça le tout sur un trépied en fer, au-dessus des braises du foyer des femmes. Elle ajouta des brindilles et ranima le feu.

Sa mère vint la remplacer au foyer, tandis qu'Apoe et sa sœur Apha, de trois ans son aînée, descendaient les marches de la maison pour aller piler du riz dans le décortiqueur à pédale installé sous le porche des femmes. L'une des deux jeunes filles actionnait la lourde pédale, tandis que l'autre enlevait le grain décortiqué du mortier et séparait la balle du grain à l'aide d'un plateau à vanner en bambou tressé.

Décortiquer chaque jour la ration de riz de la famille était l'une des tâches immuables des femmes. Il y avait de nombreuses bouches à nourrir : le père d'Apoe, sa mère, sa sœur Apha, elle-même, deux petites sœurs et un petit frère, ainsi que la famille de son frère aîné — comptant son épouse et ses trois enfants, dont deux d'un précédent mariage de la jeune femme. Ce frère, âgé de vingt et un ans, avait, chose peu courante, épousé une femme d'une trentaine d'années, dont le premier mari avait été tué, la laissant avec six enfants. Normalement, tous les enfants auraient dû aller vivre dans leur famille paternelle, afin de perpétuer la lignée ancestrale ; mais, dans ce cas particulier, et malgré la désapprobation du village, la mère avait gardé un fils et une fille pour lui tenir compagnie dans son nouveau foyer.

D'un récipient en bambou, Apoe verse de l'eau dans l'étuveur.

Le père d'Apoe était l'un des rares hommes akha à avoir pris deux femmes; mais la première épouse n'avait pas accepté la nouvelle venue et était partie vivre dans le haut du village. La seconde épouse, la mère d'Apoe, avait eu treize enfants, dont huit encore vivants. Le fils aîné, sa femme et leurs trois enfants dormaient dans une petite maison située dans l'enclos familial, et venaient prendre leurs repas avec le reste de la maisonnée. La fille aînée, mariée, habitait à 400 mètres plus haut dans le village. Un fils de 17 ans vivait dans un temple bouddhiste de la ville de Mae Suai, distante d'une quinzaine de kilomètres, où il fréquentait l'école thaïlandaise. Il y avait bien une école au village, mais elle n'ouvrait que quelques jours par mois. Apoe aimait y aller quand elle le pouvait, cependant elle n'avait pas appris à bien parler le thaïlandais, les enseignants ne connaissant pas la langue akha.

Vers 7 heures, il faisait assez clair pour distinguer les maisons environnantes. Presque tout le monde était levé, bavardant entre soi ou entre voisins, tout en vaquant aux tâches matinales. Venue de la maison du frère aîné, les deux neveux et la nièce d'Apoe traversèrent l'enclos pour la regarder prendre la relève au décortiqueur de riz. A présent, sa mère l'aidait, sortant du mortier les quantités de grain prêtes à être vannées. Le jour s'éclaircissait et l'on entendait quelques coups de feu tirés en contrebas, dans la forêt, par des garçons de l'âge d'Apoe qui étaient déjà partis chasser avec leurs fusils de fabrication artisanale.

Le soleil était levé depuis une demi-heure quand Apoe, ayant terminé sa corvée de riz, alla réveiller son père qui dormait encore profondément sous sa couverture. Abaw Aseh était un homme d'environ cinquante-cinq ans — un âge avancé pour un Akha, dont l'espérance de vie ne dépasse guère la quarantaine — et de santé précaire. S'il pouvait encore chasser et pêcher, il n'avait plus la force de travailler aux champs. L'année précédente, il avait dû vendre les derniers objets en argent de la famille pour acheter un supplément de riz. Comme il ne pouvait plus couper de bois ni de bambou, la maison était en mauvais état, le plancher plus branlant qu'élastique et le toit en grand besoin de réparations. La vie était dure pour la mère d'Apoe, dont le visage se marquait souvent de fatigue et d'anxiété.

Apoe aida sa mère et sa sœur aînée à préparer le petit déjeuner. Comme toutes les femmes dans les familles akha, elle avait une longue liste de tâches quotidiennes à remplir. En raison de la mauvaise santé de son père, elle devait travailler plus dur encore que la plupart des

Sa mère puise une poignée de riz décortiqué dans le mortier.

En allant en forêt chercher du bois, Apoe file le coton au fuseau.

filles du même âge — ce qu'elle faisait sans se plaindre.

A 9 heures, le petit déjeuner fut prêt. Les hommes — le père d'Apoe, son frère marié et son petit frère âgé de sept ans — s'étaient levés. Elle les servit en premier, dans la partie de la maison qui leur était réservée. Ils eurent des légumes verts marinés ou cuits, du gâteau de soja épicé — confectionné par la mère et la sœur d'Apoe — et le riz cuit à la vapeur par ses soins, le tout accompagné de thé sauvage de la forêt. Quand ils eurent mangé, les restes furent emportés dans le quartier des femmes et terminés par Apoe, sa mère et ses sœurs, qui eurent une portion normale de riz, mais virent que les hommes s'étaient servis sans retenue des autres plats.

Ce jour-là, Apoe avait prévu d'aller cueillir de l'imperata dans les champs avec son frère aîné, pour le chaume du toit — ce qu'on fait une fois par an, après la saison des pluies, quand la récolte est rentrée et qu'on dispose d'un peu de temps. Mais son frère préféra aller à la recherche du cheval de la famille, disparu depuis l'avant-veille, qui s'était peut-être simplement égaré, mais qu'un étranger avait aussi pu voler.

On remit donc à plus tard la cueillette de l'imperata, et Apoe partir chercher du bois dans la forêt avec sept autres filles et garçons. Il était presque 10 heures. Apoe et cinq autres adolescents emportaient des machettes et des hottes; les deux autres enfants, trop petits, les accompagnaient pour s'amuser.

En entrant dans la forêt, les filles les plus âgées

Pour couper du bois, elle protège d'une capuche sa coiffure.

Apoe et ses amis s'amusent un instant sur une balançoire.

sortirent chacune, d'un petit panier attaché à leur taille, un fuseau de bois et un rouleau de coton duveteux préparé à l'avance, et elles se mirent à filer tout en marchant. De la main droite, elles faisaient vivement tournoyer le fuseau contre leur cuisse pour lui donner de l'élan et, de la gauche, elles prélevaient des brins de coton sur le rouleau, en entourant le fil autour d'elles pour le garder tendu à mesure que le fuseau le tordait.

Un sentier escarpé les conduisit à une haute crête, recouverte d'une jeune fûtaie envahie d'herbes et de broussailles; quelques arbres cependant atteignaient une vingtaine de mètres. En chemin, les fillettes chantaient des chansons d'amour enjouées, ne s'interrompant que pour escalader une pente particulièrement abrupte ou glissante. En un endroit, elles s'arrêtèrent pour cueillir des fleurs dont elles orneraient leur coiffure, le soir, avant d'aller sur l'aire de danse — une clairière nivelée près de la porte supérieure du village, où la jeunesse se rassemble presque tous les soirs.

Une demi-heure après avoir quitté le village, les enfants parvinrent sur une hauteur qui dominait une magnifique chaîne de montagne vert sombre. Ils se dispersèrent, et, avec leurs lourdes machettes, ils se mirent à abattre de petits arbres morts.

Pendant deux heures, ils travaillèrent assidûment à couper du bois et à le débiter en morceaux d'environ un mètre de long, qu'ils pourraient ranger verticalement dans leurs hottes. Comme ils en avaient beaucoup plus qu'ils ne pouvaient en emporter, ils entassèrent l'excédent contre un arbre pour venir le chercher une autre fois. Vers midi, leur activité se ralentit. L'un des grands garçons trouva deux énormes scorpions dans une souche pourrie et les tua. Ils bavardèrent un moment, puis ils ramassèrent leurs hottes et redescendirent.

Aux abords du village, ils passèrent devant l'enclos de la petite école bâtie quelques années plus tôt par le gouvernement thaïlandais. Fermée depuis plusieurs semaines, elle avait l'air abandonnée. Il y avait dans la cour une balançoire à bascule, et quelques enfants s'arrêtèrent pour jouer un peu, avant de retourner accomplir d'autres tâches.

Apoe fut de retour chez elle vers 1 heure. Sa mère était partie rendre visite à des parents de son mari, dans un autre village. Apoe et sa sœur aînée préparèrent donc le déjeuner. C'est en général un repas léger et rapide, à base de riz et de légumes, mais il y avait ce jour-là de la viande de chien au menu — régal qu'on ne se permet qu'une ou deux fois par quinzaine. Dans un grand *wok*, Apoe coupa la viande et la mélangea aux légumes hachés. En guise de liquide de cuisson, elle égoutta soigneusement au-dessus du *wok* des légumes qui avaient trempé toute la matinée, et elle mit le tout à mijoter sur le feu.

Après le repas, Apoe rendit une courte visite à sa belle-sœur, afin de se servir de son miroir — ce qu'elle faisait une ou deux fois par jour quand elle en avait le

L'eau de trempage des légumes sert de liquide de cuisson.

Dans la forêt, Apoe coupe une jeune tige de bambou...

... elle l'examine en connaisseur avant d'y pratiquer des entailles...

temps ; elle devenait coquette, et il n'y avait pas de miroir chez elle. Elle lissa et peigna ses cheveux, réajusta sa coiffure et regarda son image d'un œil critique. Certaines de ses amies mettaient parfois de la poudre et du rouge à lèvres, et portaient des jupes imprimées — tout cela acheté sur les marchés des plaines —, mais Apoe restait, elle, très attachée au costume akha traditionnel.

Elle bavarda un instant avec sa belle-sœur, puis, peu après 2 heures, elle retourna chez elle prendre sa hotte afin, cette fois, d'aller chercher du fourrage pour les animaux de la maison. Elle partit seule, filant en chemin comme le matin. A la fin de la journée, elle avait d'ailleurs filé toute une bobine, que sa mère utiliserait pour tisser la prochaine pièce de coton.

A la lisière de la forêt, elle rencontra des amies du village, qui ramassaient aussi du fourrage ; les filles se lancèrent quelques plaisanteries ; l'une d'elle, âgée de huit ans, prit le parti d'accompagner Apoe. Sur le sentier de la forêt, les deux fillettes dépassèrent deux garçons qui portaient à la fois des fusils et des bouquets de fleurs sauvages ; les jeunes Akha, eux aussi, se parent souvent de fleurs derrière l'oreille quand, le soir, ils se réunissent sur l'aire de danse.

A 800 mètres de là, elles trouvèrent un fourré de bambou et se mirent à en cueillir les feuilles pour les animaux. Leurs hottes furent bientôt remplies. Avant de rentrer au village, Apoe choisit une jeune tige de bambou bien droite, dont elle coupa, avec sa machette, une section d'une vingtaine de centimètres, pour fabriquer une flûte. Elle y incisa avec soin plusieurs entailles espacées et se mit aussitôt, hésitante et maladroite, à jouer quelques airs.

Aux approches du village, elles rencontrèrent la sœur mariée d'Apoe, qui redescendait de la forêt par un autre chemin, portant son bébé sur la hanche, attaché par un morceau de toile, et, sur le dos, une pleine hotte de bois coupé. Apoe aimait tendrement sa sœur aînée et se faisait une joie, tous les jours, d'aller la voir. Elle prit le bébé dans ses bras et le porta elle-même jusqu'au village, avant de le rendre à la jeune mère.

Il était 4 heures de l'après-midi quand Apoe fut de

... puis elle essaie la flûte qu'elle vient de fabriquer.

retour chez elle. Sous le porche, elle déversa la hotte de fourrage qu'elle avait coltinée, rangea le panier contre un mur et entra dans la maison pour préparer le thé. Avant d'entreprendre ses tâches du soir, elle s'assit pour bavarder avec ses parents, ses frères et ses sœurs.

Sa sœur aînée se mit à piler le riz qui tremperait toute la nuit avant d'être cuit le lendemain. Comme Apoe avait fait sa part de corvée le matin, elle disposait d'un peu de temps pour rattacher les fils de perles de sa coiffure, astiquer ses pièces d'argent et faire bouffer les pompons en fourrure de gibbon.

Après avoir remis sa coiffure, elle aida sa sœur, en faisant cuire un peu de riz à la vapeur pour nourrir les chiots de la maison. Elle leur distribua la pâtée et monta la garde pour chasser les cochons qui cherchaient à les empêcher de manger.

Ensuite, il fut temps d'aller chercher de l'eau à la fontaine. Cette fois, elle remplit sa hotte de quatre calebasses vides et appela sa petite sœur A-eh pour l'emmener avec elle. Elle lui donna une autre calebasse vide à porter, et toutes deux partirent, longeant en chemin une mare qui s'était formée pendant les dernières pluies. Cinq minutes plus tard, elles arrivaient

En fin d'après-midi, Apoe et sa bande de jeunes amis reviennent au village avec le bois qu'ils ont coupé en forêt.

Les deux sœurs s'en vont à la fontaine chercher de l'eau dans des calebasses.

à la fontaine, où l'eau canalisée d'une source de la montagne jaillissait d'une grosse conduite en bambou. A-eh se déshabilla, et Apoe la frotta sous le filet d'eau, puis elle-même se lava les pieds avant de remplir les cinq calebasses et de les charger toutes dans sa hotte. De retour à la maison, elle aligna les calebasses sur l'étagère qui leur était réservée, et alimenta le feu, afin qu'il fût assez chaud pour cuire le repas du soir.

Peu après, Apoe, comme presque tous les soirs, se mit en route vers la plus haute crête du village, pour aller voir sa sœur mariée. Semblable à la plupart des maisons des jeunes couples, celle-ci était petite, mais presque tous les jours remplie d'amis qui, assis autour du foyer des hommes, riaient et racontaient des histoires, tandis que les ombres s'allongaient au-dehors. Apoe s'y attarda près d'une heure faisant sauter le bébé sur ses genoux. Avant son départ, sa sœur lui fit cadeau, pour sa famille, d'un sac de légumes fraîchement cueillis.

Vers 6 heures et demie du soir, le soleil, dans un flamboiement rouge, s'enfonçait enfin derrière les montagnes de l'ouest. Apoe redescendit chez elle, hélant au passage des amis de son âge. Certains revenaient des champs, portant sur leur dos d'énormes charges de chaume, qui se profilaient au-dessus de leur tête comme des oiseaux gigantesques. A la maison, la famille avait déjà dîné, et Apoe mangea simplement un peu de riz et deux piments qui restaient. Elle fit toute la vaisselle—et son travail se trouva ainsi terminé pour la journée.

Une conduite de bambou permet de prendre une bonne douche.

Le soir, on s'amuse. Apoe regarde un concours improvisé de fileuses.

Il faisait maintenant tout à fait noir dehors, et ce n'est qu'à la seule lumière rougeoyante des trois foyers de la maison qu'elle put se préparer pour sa soirée sur l'aire de danse. Elle décora sa coiffure des fleurs cueillies le matin. Ses ornements d'argent brillaient aux lueurs du feu. Elle dit bonsoir à A-eh, puis elle sortit.

Vers 9 heures moins le quart, une cinquantaine d'adolescents et d'enfants se trouvaient rassemblés près de la porte supérieure du village, pour chanter, danser, et aussi s'enlacer sur les trois bancs de bois disposés là. La lune n'était pas encore levée, et quelques-uns des garçons avaient apporté des branches enflammées.

Apoe et ses amies se tenaient en groupes autour de l'aire de danse et chantaient des chansons d'amour qu'elles avaient apprises de leurs mères ou de leurs sœurs. Les garçons y répondaient, de façon un peu plus décousue, par leurs propres chansons. Entre les chants, il y avait de longs et bruyants interludes de bavardages, et certaines filles firent étalage de leur dextérité en se livrant à des concours improvisés de filage au fuseau.

A 10 heures, toutes les torches étaient éteintes, et l'on ne distinguait plus que des silhouettes se découpant sur le ciel étoilé. Une ou deux filles parmi les plus âgées s'égarèrent dans la forêt avec leurs amis de cœur, mais, pour Apoe — trop jeune encore pour ces jeux, et soucieuse d'une longue journée de travail en perspective le lendemain —, la soirée était finie.

Elle descendit la colline vers sa maison et se blottit sous sa couverture, près du foyer des femmes. Les chiens aboyaient, les porcs grognaient, mais Apoe n'entendit plus rien dès qu'elle posa sa tête sur son matelas en fibre d'écorce. Toute la famille dormait déjà profondément.

Trois | L'orgueil des artisans

Une chanson akha compare l'atelier d'un forgeron à un « nid de corbeaux ». C'est l'image exacte de l'aspect que présentait la forge principale de Napeh. Chacune des trois subdivisions du village avait son forgeron attitré, mais le plus important était celui du secteur proche de la porte inférieure du village. Située dans un appentis de bambou noir de suie, derrière la maison de l'artisan, cette forge semblait malpropre et sans intérêt quand elle ne fonctionnait pas, mais elle devenait un point d'attraction dès que l'homme allumait son feu de charbon de bois et que volaient les étincelles. Et comme il aimait à travailler tard dans la nuit, on entendait souvent son marteau résonner jusqu'à une heure ou deux heures du matin.

La forge est célébrée dans le folklore akha et tient une place particulière dans cette culture préservée depuis des siècles. Par tradition, les Akha sont très fiers de l'habileté de ce technicien, le seul du village. « Nos forgerons sont meilleurs que les leurs, affirme une chanson de *pima;* les Chinois appellent forgeron leur batteur de fer, qui n'est même pas capable de façonner un clou. Les Chan appellent forgeron leur batteur de fer, qui n'est même pas capable de fabriquer un moule. Mais l'Akha qui bat le fer est appelé forgeron, parce qu'il sait faire ces choses. »

Il n'y avait rien de plus simple que la forge principale de Napeh : une surface rectangulaire de pierres plates posées par terre et maintenues par un châssis en bois. Un ingénieux soufflet manœuvré à la main — fait d'un piston en bois glissant dans un cylindre de bambou — envoyait l'air nécessaire pour activer les charbons entassés entre deux blocs de grès. Il incombait au client d'actionner le soufflet, mais parfois le forgeron s'en chargeait lui-même ou bien déléguait la tâche à l'un de ses jeunes fils ou à l'un des assistants. Il était toujours très entouré quand il travaillait, et chacun s'empressait à l'aider, car

des hommes de tous âges se retrouvaient là comme dans un club improvisé, soit pour discuter des affaires les plus récentes, soit pour le simple plaisir de la conversation à bâtons rompus.

Je vis un jour le forgeron fabriquer une machette, l'indispensable outil à tout faire des Akha, assez solide pour abattre de jeunes arbres, et assez tranchant pour découper la viande. Il commença par jeter dans les braises une barre de fer brut de 1,20 m de long, et la fit chauffer au rouge. Puis il l'aplatit à coups de marteau sur son enclume encastrée dans une bille de bois. Derrière lui, sur une table, se trouvait tout son outillage : trois marteaux et deux pinces. Dès que le fer commençait à refroidir, il le remettait au feu et actionnait pendant un petit moment son soufflet rudimentaire pour l'attiser de nouveau. Parfois, son aide battait la lame tandis que lui-même la maintenait sur l'enclume. Pour les jeunes gens présents, c'était un honneur que d'être admis à manier le lourd marteau. « Plus fort est le forgeron et plus fort est le fer qu'il forge », dit un poème rituel — et non sans raison technique, je pense, car plus on bat le fer et meilleure est la lame.

Pour tremper la lame après le martelage, le forgeron la plongeait dans un tronc d'arbre évidé à demi rempli d'eau saumâtre. Puis, tout en la polissant et en façonnant la poignée, il fredonnait, en partie pour lui-même, une petite chanson accompagnée du tintamarre de son plus petit marteau sur l'enclume : « Une bonne lame akha, *tap-tap-tap*, une bonne lame akha, *tap-tap-tap* ! », référence évidente à l'habileté du maître de céans.

Une pluie d'étincelles remplissait la cabane, chaque fois que l'air du soufflet passait sur les braises, mais le forgeron et ses aides se faisaient un point d'honneur de travailler torse nu, tant un forgeron akha a conscience de jouer le premier rôle dans un spectacle qui tient son public en haleine. Même son petit garçon, préposé au soufflet, n'eût jamais osé frémir quand les étincelles lui brûlaient les épaules.

Une fois la lame prête à être emmanchée, le forgeron chauffait la soie au rouge. Il avait, à l'avance, préparé une poignée en bois, cerclée d'une virole en cuivre. Saisissant la lame avec un chiffon mouillé, il enfonçait la soie dans le bois qui grésillait et fumait, tandis qu'il l'assujettissait à coups de marteau.

Le forgeron de Napeh fabriquait aussi houes, faucilles, couteaux, bêches et cognées ; parfois il réparait ou fabriquait également un de ces immenses fusils dont les villageois se servent pour chasser le gibier dans la forêt ou se protéger des rôdeurs. Presque toutes les familles en possèdent un. Le modèle courant se façonne à partir d'un tube d'acier acheté sur un marché dans la vallée. Doté d'un canon démesuré, il se charge par la bouche. On y verse d'abord une charge de poudre, puis une autre de plombs, suivie par un peu de bourre de coton, le tout étant tassé avec une baguette de bambou. La mise à feu se fait non par la percussion d'un silex, mais, plus simplement, au moyen d'une amorce identique à celle des pistolets d'enfants.

Le forgeron avait inventé un système de gâchette, qu'on relevait avec le pouce et qui, relâché par la pression sur la détente, était censé se rabattre sur l'amorce, dont l'explosion, au niveau de la lumière, déclenchait celle de la charge. Neuf fois sur dix, sauf par temps de pluie, le coup partait. Malgré sa faible portée — 50 mètres au maximum —, ce fusil était, à tout prendre, une arme plus efficace que l'arc et les flèches des chasseurs akha de jadis.

Autrefois, tous les outils et armes en métal en usage dans un village akha étaient fabriqués dans la forge locale, soit par le forgeron lui-même, soit par un villageois à qui il prêtait son matériel. Par tradition, c'est le forgeron qui façonne le couteau cérémoniel que le *pima* porte comme emblème de sa charge, quand il est appelé à psalmodier. Mais ses attributions ne s'arrêtent pas là. Il est en outre versé dans l'art d'utiliser le bambou, matériau omniprésent chez les Akha. Il joue le rôle de maître architecte et de conseiller technique pour toutes les activités qui se présentent dans le village, telles la construction des maisons, l'érection de nouvelles portes gardiennes ou tout autre travail important. Il exerce donc une influence particulière au sein de la communauté et prend place parmi ses chefs : le *pima*, le *dzoema*, le *buseh* et — dans nombre de villages — le *nyipa*, ou chaman.

De nos jours, son prestige traditionnel reste entier, malgré la concurrence que lui font les objets de fabrication industrielle achetés sur les marchés des plaines. Le forgeron principal de Napeh, homme d'une trentaine d'années, était issu d'une longue lignée de forgerons et de *pimas*: son arrière-grand-père avait été forgeron ; son grand-père et son père, *pimas* — ces deux derniers connaissant également l'art de forger. Leur descendant avait donc eu le choix entre l'une ou l'autre de ces vocations. (Il est fréquent que les dirigeants des villages viennent de familles ou de clans qui ont fourni des notables dans le passé, mais la société akha n'a jamais engendré de véritable classe sacerdotale ou aristocratique.) Le forgeron de Napeh avait finalement opté pour l'enclume, mais le sang des *pimas* parlait en lui et, quand il s'adressait à un cercle d'anciens, il le faisait avec l'aisance d'un homme conscient de la position qui était la sienne dans le village.

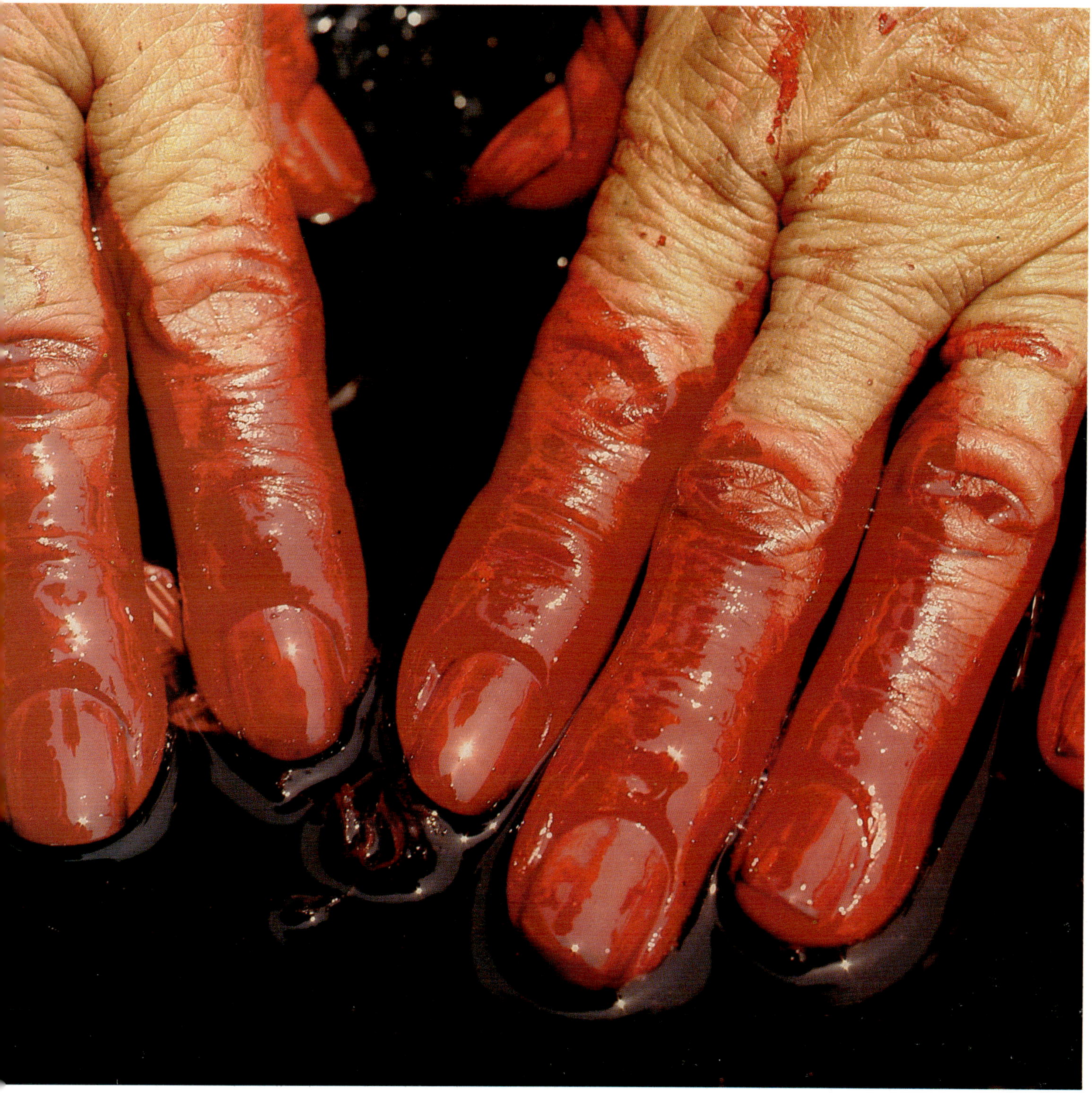

Bandeau de bambou tressé, destiné à orner une coiffure, plongé ici dans un bain de teinture à base de feuilles broyées. Nombre de femmes akha utilisent, pour de menus accessoires, ce rouge profond qui tranche sur le bleu indigo dominant de leur costume.

Comme tous les peuples isolés, les Akha sont de plus en plus envahis par notre civilisation matérielle, qui menace à la fois leur observance de l'*Akhazang* et leur autarcie en matière d'objets domestiques. Les bidons de plastique remplacent de plus en plus les calebasses et les troncs creux de bambou pour le portage de l'eau, et des couteaux manufacturés s'achètent sur les marchés des plaines — si l'on peut les payer.

Ce n'est là toutefois pour les Akha qu'une version nouvelle — bien que plus radicale — d'une expérience bien connue. Jamais complètement isolés de leurs voisins, ils ont toujours dû vivre en partie au contact d'une économie fondée sur la monnaie, dont les mystères leur échappent, et en partie dans l'univers forestier qu'ils se sont aménagé. Tout en intégrant des bribes de civilisations étrangères, ils ont réussi à conserver leur identité, en raison à la fois de la discrimination dont ils font l'objet de la part des gens de la plaine, qui ne veulent pas les admettre dans leur monde privilégié, et de leur propre rejet des civilisations voisines.

Au cours de leur long passé de montagnards, les Akha ont régulièrement échangé des marchandises avec les habitants des plaines. Par périodes, ils ont cultivé le coton, le sésame, les piments et le tabac, afin de se procurer en retour le sel et le fer indispensables, ou encore des biens superflus comme des boutons ou de l'argent. Mais ces activités n'ont jamais été assez importantes ou suivies pour que se développe chez eux une classe de commerçants ou d'intermédiaires. Ils sont d'ailleurs fiers de leur société égalitaire et solidaire, où chacun travaille ses propres champs et aide ses voisins, à charge du même service.

L'un des poèmes du *pima* les exhorte à rester fidèles aux traditions et à chasser de leur esprit les pensées mercantiles : « Les peuples en aval ont de l'argent ; ne laisse pas ton âme se prendre à leur argent. Les peuples en amont ont de l'or ; ne laisse pas ton âme se prendre à leur or. » En revanche, aux champs de riz des versants, d'où ils tirent la seule subsistance qui dépende de leur labeur et qui sont devenus les symboles de leur survivance culturelle, ils vouent un culte chargé d'affectivité.

A mesure qu'il leur devient plus difficile de résister à la civilisation des plaines, les Akha redoutent la disparition de leur mode de vie et souhaiteraient pouvoir s'installer plus à l'écart, comme le firent tant de fois leurs ancêtres. Plus la montagne est reculée, plus la forêt est épaisse, et plus ils se sentent en harmonie avec eux-mêmes et avec l'environnement. « Je suis mal à l'aise, m'a dit un ami akha, quand les montagnes qui m'entourent ne sont pas assez hautes. Si nous descendons trop bas, nous cessons d'être des Akha, nous devenons différents. »

En bas, sur les marchés, les villageois dépensent le peu d'argent qu'ils ont pour des objets dépourvus de la signification que leur eût conférée une longue évolution dans leur propre système. Ils pensent, pour la plupart, que s'engager plus avant dans le monde du commerce les réduirait à une existence marginale, dans un *no man's land* à mi-chemin entre leur propre culture et celle de la Thaïlande moderne. Une scolarité à l'occidentale — clef de cet autre monde — est pratiquement hors de leur portée, car, dans les villages, l'enseignement est dispensé par des instituteurs thaïlandais, qui

Élytres vert vif de coléoptères de la forêt décorant une veste d'homme, qui s'orne aussi de fils de perles, de plumes de coq et de pompons de laine teints. Faits par les femmes, mais portés par les deux sexes, ces ornements sont réservés aux jours de fête ou aux rencontres amoureuses.

ignorent la langue akha et manquent souvent de zèle. Avant même d'aller à l'école, les petits Akha doivent se débrouiller pour apprendre un peu de thaïlandais et, s'ils veulent poursuivre leurs études, il leur faut se déraciner, quitter leur famille et aller en ville.

La dignité des Akha et leur identité même se trouvent donc étroitement liées à la perpétuation de leur artisanat. Ce rapport se complique encore du fait de la demande du marché touristique pour leurs produits traditionnels. A Napeh du moins, j'ai constaté que nombre de villageois préfèrent encore les objets façonnés par leur forgeron aux articles du commerce, d'autant que, conformément à la coutume, le forgeron n'est pas payé en espèces, mais en travail: chaque foyer du village doit lui donner trois jours de travail par an. Ces échanges fondés sur le travail et le temps constituent des liens importants entre les membres de la communauté, et ce genre de dette est scrupuleusement honoré. La plupart des familles n'ont d'autre richesse que le temps et la force de leurs bras — capital qu'elles doivent budgétiser avec autant de soin qu'un autre. Celui qui a besoin d'un couteau ou d'une machette achète donc un peu de fer à un revendeur de la vallée — les vieux ressorts de camion sont très appréciés pour les couteaux — et l'apporte au forgeron qui le façonne au gré du client.

Si jamais une route carrossable monte jusqu'au village et que les jeunes Akha prennent goût aux motocyclettes, j'ai l'impression que le forgeron devra se reconvertir en mécanicien. Mais je suis certain qu'il saura s'adapter le moment venu, de même qu'il a été capable de s'habituer aux fusils à mèche lorsque les armes à feu ont remplacé les arcs dans l'arsenal akha.

Les femmes akha sont aussi fières de leur talent de tisserandes que le forgeron l'est de son habileté. Le long et patient processus grâce auquel elles transforment des touffes de coton de montagne en une belle et solide toile est le parfait exemple d'un artisanat ancien ayant gardé toute son utilité première et qu'il serait difficile de perfectionner. Les autres peuples de la montagne connaissent le tissage, mais la plupart ont cessé de le pratiquer. Les Lisu, par exemple, composent leurs pittoresques costumes avec des étoffes du commerce. La toile akha, toutefois, est appréciée pour sa résistance et sa beauté, même en plaine, où elle se vend à bon prix. Les Akha doivent leur technologie évoluée aux périodes qu'ils ont passées, au cours de plusieurs siècles, en Birmanie orientale et en Chine du Sud, parmi des peuples grands producteurs de coton. En Thaïlande, cependant, ils ont perdu contact avec les marchés cotonniers, et, de toute façon, rares sont les Akha qui travaillent suffisamment de terre pour cette culture. A Napeh, ils ont beaucoup de mal à en produire assez pour satisfaire leur propre consommation. En contrebas du village, on me montra un champ de coton typique — un lopin de terre fort en pente, où les plants avaient du mal à survivre. La plupart réussissaient juste à fournir de quoi se boucher les oreilles la nuit quand il y avait du bruit. Cette récolte peu prometteuse, base de l'industrie textile du village, procurait à chaque famille la matière première nécessaire à la réalisation d'un seul vêtement neuf par année.

Filage et tissage sont exclusivement le travail des femmes, qui, dès

Tissu et écheveaux de coton teints en indigo étendus pour sécher au soleil (à droite). Cette teinture soutenue s'obtient par trempage des feuilles de l'indigotier dans de l'eau, où l'on mélange ensuite chaux, charbon et cendre (ci-dessous) pour absorber la couleur. Pour parvenir à une teinte profonde et durable, il faut tremper et sécher le coton tous les jours pendant environ un mois.

l'adolescence, en connaissent tous les secrets. Tout au long de l'année, elles ne cessent de filer; j'ai rarement rencontré, marchant sur un sentier, une femme akha seule ou bien en compagnie sans un fuseau tournoyant au bout de ses doigts. Misaw, ma jolie voisine fort agile dans l'art de tisser, consentit à ce que je la regarde œuvrer pendant tous les stades de la production, et ce fut un spectacle constamment intéressant.

Comme toutes les femmes de Napeh, elle alla d'abord faire sa modeste récolte de coton, qu'elle rapporta au village dans un panier en bambou. Elle commença par passer le coton dans une ingénieuse égreneuse, de façon à en éliminer les graines. Ensuite, elle en dissocia les fibres en faisant vibrer, dans la masse d'une balle duveteuse, la corde d'un arc miniature. Puis, à l'aide d'un cylindre en bois de 15 centimètres de long et de 2,5 cm de diamètre, elle roula le coton sur une planche en bois lisse et le façonna en boudins en aplatissant les fibres de sa paume. Tout ce travail représentait, pour elle, la tâche préparatoire au filage et au tissage.

Partout où elle allait, elle emportait toujours, dans un panier fixé à sa ceinture ou dans un sac à bandoulière, quelques-uns de ces rouleaux duveteux. Prélevant une touffe de coton du rouleau, elle l'attachait au fuseau. Puis elle relevait un peu sa jupe et imprimait au fuseau, prestement roulé sur sa cuisse nue, un élan qui le faisait tournoyer devant elle. Le poids et la rotation du fuseau entraînaient le coton en le torsadant en fil. Les femmes akha, qui portent des minijupes par tradition, le font probablement parce qu'il est plus facile de donner de l'élan à un fuseau sur la peau nue que sur le tissu d'un long vêtement.

De sa main gauche, très adroitement, Misaw alimenta le fil en coton, s'arrêtant par moments pour redonner de l'élan au fuseau. C'était toujours de la main droite qu'elle le faisait tournoyer, tandis que la gauche, avec des gestes vifs et légers, tels ceux des danseuses dans la sculpture indienne, contrôlait la torsion du mince fil de coton.

Dès que le fuseau était garni, Misaw roulait le fil en pelote et, à la fin de chaque journée, elle en avait une bonne provision. Bien qu'elle ne mesurât que 1,20 m, Misaw s'empara d'une perche de bambou haute de 1,80 m, munie, en forme de « I », d'une courte traverse à chaque extrémité, et, la manipulant comme une majorette, enroula le fil dessus en décrivant des huit. Pour renforcer les écheveaux ainsi obtenus, elle les apprêta en les plongeant dans de l'eau de cuisson de riz et les mit à sécher sur un grand séchoir rotatif, qui se dressait entre deux maisons, non loin de chez elle. Ensuite, elle dévida soigneusement le fil en grandes boucles, dans un panier, pour éviter qu'il ne s'y forme des nœuds, et elle le saupoudra de cendre de bois, afin d'absorber tout excès d'empois et d'humidité et d'empêcher le fil prêt au tissage de s'emmêler.

Le lendemain, elle se rendit avec son panier dans un espace découvert, proche de sa maison, où deux rangées de trois courts piquets de bambou avaient été enfoncées dans le sol. Elle se mit alors à courir en slalom autour de ces piquets, en dévidant à mesure le fil de son panier. Quand elle eut formé suffisamment de boucles, elle les enleva des piquets et les fixa à deux lattes de bambou fendu. Le résultat, fruit de quelque miracle immémorial, forma la

Motifs appliqués

La broderie d'application — qui consiste à coudre sur un tissu des motifs découpés dans un autre — est pratiquée chez de nombreux peuples montagnards, dont les Akha, qui créent ainsi de superbes contrastes avec la toile bleu indigo tissée à la main dont ils se vêtent. Chez certains groupes, le décor traditionnel est sobre : une simple bordure contrastante sur une jupe ou une veste ; chez d'autres, il est d'une éblouissante complexité. Le travail montré ici, exécuté par des Akha récemment émigrés en Thaïlande de la région du mont Loimi, en Birmanie, est l'un des plus élaborés.

Le dos d'une simple veste de coton indigo s'orne d'une multitude de bandes de tissu rouge, blanc et jaune, disposées en rectangle. Des bandes plus fines de couleurs opposées, appliquées sur les premières, produisent un riche effet de matelassage ; enfin, des triangles et des losanges rapportés sont cousus avec des fils de différentes couleurs. Les manches sont, de même, rayées de bandes colorées. Des boutons et des glands, fixés sur cette mosaïque textile, en complètent la riche décoration.

Dos de veste akha décoré de bandes superposées de tissus (ci-dessus), et enrichi de broderies (détail à droite). Dans certains villages les femmes akha portent ce genre de veste pour la vie de tous les jours.

chaîne — les fils longitudinaux — qu'elle fixerait sur son métier. Le reste du fil fut laissé dans le panier, prêt à être bobiné sur la navette pour constituer la trame, ou fils transversaux.

Comme tant de choses dans le village, le métier était en bambou. Quatre poteaux d'environ 1,80 m formaient les montants d'un châssis rectangulaire, consolidé, en haut, par des traverses plus légères. Il avait été érigé devant la maison — l'*Akhazang* spécifie l'époque de l'année où il convient de monter le métier et de commencer le tissage —, mais Misaw, quand elle n'y travaillait pas, rangeait les parties mobiles à l'abri. Parmi ces pièces était le harnais, qu'on insère entre les fils de chaîne et qui, manœuvré par deux pédales, soulève et abaisse alternativement les fils pairs et les fils impairs; il y avait aussi un peigne de roseau, qui maintient l'espacement des fils de chaîne et sert également à tasser les fils de trame.

Quand le temps le permettait, Misaw emportait ces différentes pièces dans la cour, ainsi que le rouleau de toile en cours de tissage, et elle fixait celui-ci à une extrémité du châssis. Elle enfonçait un piquet dans le sol à l'autre extrémité, pour maintenir les fils de chaîne bien tendus; puis elle suspendait le harnais aux traverses supérieures et posait par terre les deux pédales. Rien n'était plus simple que le maniement de ces pièces, et le montage du métier ne prenait pas plus de cinq minutes.

Le tissu qu'elle réalisa ne fut guère plus large que la paume de sa main, mais il était serré et solide. Debout près du métier, Misaw actionna une pédale, inséra la navette et la poussa à la main entre les fils, puis tassa cette duite contre les précédentes à l'aide de son fin peigne de roseau — devenu lisse et bruni à l'usage. Elle appuya sur l'autre pédale et repassa un fil de trame à travers la chaîne. Parfois, le fil cassait; elle le réparait sans s'émouvoir et reprenait son ouvrage.

Elle travaillait très vite et pendant de longues heures, chaque fois qu'elle en avait le temps, mais il lui fallait bien des jours pour finir une pièce large d'une vingtaine de centimètres et longue de 6 ou 7 mètres. Elle me vendit un peu de cette toile serrée tissée sous mes yeux, la mesurant, à la mode akha, entre ses bras ouverts. Chaque « brasse » valait 50 baht — environ 13 francs. Elle garda le reste de cette bande de tissu uniforme pour se faire confectionner une veste quand elle en aurait le temps.

Toutes les femmes de Napeh portaient des vestes, des jupes et des jambières tissées au village; mais la plupart des hommes avaient abandonné leur costume traditionnel — veste vague, pantalon ample et turban bleu-noir. Beaucoup eussent préféré le conserver, mais, comme me l'expliqua l'un d'eux: « Cela nous fait trop remarquer. Dans une ville comme Chiang Rai, on nous demanderait aussitôt si nous sommes bien de Thaïlande ou si nous ne venons pas de passer en fraude la frontière birmane. La plupart d'entre nous n'ont pas de carte d'identité, et l'on nous retient en prison jusqu'à ce que la preuve soit faite que nous habitons ici. Pour éviter ce genre de troubles, nous avons adopté les vêtements modernes. »

Les femmes akha, elles, quittent rarement leur village et ne craignent donc pas de se singulariser en plaine. Peut-être aussi se sentent-elles beaucoup plus belles ainsi vêtues que dans des vêtements de confection. Elles ont porté la minijupe des siècles avant que cette mode n'apparaisse en Occident, et elles ont conscience de son originalité — pour ne pas dire sa beauté extrême — d'ailleurs expliquée par une légende.

Quand A-poe-mi-yeh distribua aux différents peuples les coutumes sociales *zang* que chacun devait observer, il y avait des représentants de chaque peuple, y compris un Akha. Mais la femme Akha n'osa pas se présenter, car elle n'avait pas de vêtements. Elle ne se montra que lorsque tous les autres furent partis avec leurs instructions. A-poe-mi-yeh lui demanda la raison de son retard, et elle répondit qu'elle avait honte de paraître sans vêtements. Alors A-poe-mi-yeh prit un sac de monnaie en toile, en fendit un bord et le lui jeta en disant : « Tiens, mets ça ! »

Cette toile indigo foncé est commune à tous les groupes d'Akha, mais les styles d'ornementation varient considérablement d'une région à l'autre. Dans certains villages akha proches de la frontière birmane, une femme passera ses loisirs d'une année entière à orner le dos d'une veste d'un labyrinthe de motifs appliqués et brodés en d'éblouissantes couleurs primaires, et à y coudre, en plus, des rangées de boutons et de franges. C'est la mode dite de Loimi, d'après le mont Loimi (de l'Ours), en Birmanie orientale, où les Akha, qui vécurent dans ces denses forêts des périodes tranquilles et prospères, élaborèrent un costume très particulier — que des émigrés du clan de Loimi apportèrent dans certains villages de l'extrême nord de la Thaïlande. Les femmes de Napeh, elles, préfèrent un style plus sobre et laissent unies de grandes surfaces de leurs vestes. Mais elles n'en possèdent pas moins un vaste répertoire de motifs traditionnels, dont elles décorent leurs vestes, leurs jambières et leurs coiffures. Certains ont des noms, telle cette ligne qui serpente en lacets et qu'on appelle le « sentier ».

Exceptionnellement, les femmes ne portent pas leur caractéristique jupe bleu foncé, mais ce changement est toujours significatif. Le jour de ses noces, par exemple, la mariée porte une minijupe blanche et la change à nouveau pour une bleue, dès la cérémonie passée. La plupart des femmes ne remettent plus jamais la blanche, mais certaines d'entre elles, après avoir élevé leurs enfants, sont admises à une cérémonie d'initiation qui les habilite à célébrer divers rituels importants ; elles ont ensuite le droit de porter une jupe blanche jusqu'à la fin de leurs jours, en signe d'un statut plus élevé.

L'élément le plus remarquable du costume féminin akha est, bien sûr, la coiffure. Comme il en est de l'ornementation des vestes, son style varie selon les régions — celui de Loimi, qu'on ne rencontre en Thaïlande que dans les villages reculés du nord, étant le plus élaboré. Les femmes akha ne commencent à porter leur seyante coiffure de bambou et d'argent, dite *u coe*, ou « chapeau pointu », qu'aux approches de l'âge du mariage. Petites filles, elles se coiffent d'un simple bonnet de coton bleu, orné, au début, de quelques pièces et de cauris, qu'elles embellissent, au cours des ans, avec d'autres ornements. Ces améliorations sont liées à des changements qu'elles apportent à leur costume à mesure qu'elles grandissent — elles revêtent successivement un corsage, puis une ceinture et remplacent finalement leur bonnet par une coiffure haute. Ces modifications ne se font que deux jours par an, au Nouvel An, en décembre, et lors d'une grande fête, en août.

La coiffure et ses ornements ne dénotent pas seulement le lieu d'origine de la femme. Si la coiffe de bambou est ouverte à l'arrière, par exemple, la signification de cette particularité est que la femme est encore célibataire ; de la même façon la coiffe est fermée si elle est mariée. Après son mariage, elle place, de chaque côté, des glands ou des pompons, sans lesquels l'*Akhazang* ne jugerait pas convenable qu'elle cuise le riz de sa famille. Et si un grand malheur lui arrive — comme de donner naissance à des jumeaux ou qu'une personne de sa parenté meure d'une mort violente à l'extérieur du village —, la femme doit retirer sa coiffure jusqu'à la fin de la période de purification, au cours de laquelle ont lieu diverses cérémonies.

En temps normal, toutefois, la femme akha porte constamment sa coiffure, sauf quand elle se lave les cheveux ou les coiffe. Les petites filles peuvent ôter leur bonnet pour la nuit, mais la coutume exige que les femmes conservent leur *u coe* même pour dormir. Il s'ensuit que la vue de la chevelure d'une femme est, pour les hommes, chargée d'érotisme. Les choses ont maintenant changé, étant donné les échanges entre les villages de montagne et les marchés, et du fait que les filles de la plaine vont toujours tête nue ; sur ce point, les jeunes Akha sont à présent un peu blasés.

Femme égrenant le coton à l'aide d'une petite machine de fabrication artisanale (ci-dessus). Le coton brut passe entre deux rouleaux : les graines tombent dans un récipient, et les fibres dans un panier. Ces fibres, après avoir été filées, sont tissées en pièces de toile sur un métier en bambou actionné par deux pédales (à droite).

Il était jadis de tradition au sein des familles akha d'investir toutes les économies qu'elles pouvaient accumuler dans les brillants ornements d'argent des coiffures féminines et dans des bijoux — broches, torques, bracelets et agrafes de veste. Les pièces de monnaie chinoises, birmanes ou laotiennes dont s'ornent certaines coiffures racontent l'histoire de thésaurisations remontant loin dans le passé. Il existe aussi de magnifiques bijoux masculins — bracelets et agrafes — appartenant surtout aux *pimas* et aux *dzoemas*. Les bracelets traditionnels, portés jusqu'à une date récente par les *pimas*, comptent parmi les plus précieux trésors de la montagne. Faits d'argent massif ou creux, ils se terminent en têtes de dragon qui doivent cliqueter au moindre mouvement : s'ils sont d'argent massif, de petites billes se cachent dans les gueules de dragon ; s'ils sont creux, ils renferment des plombs de chasse visant au même effet.

Certaines pièces se transmettent, comme les poèmes rituels, à travers des générations de *pimas*. Un vieil homme qui possédait une paire de superbes bracelets me dit : « Je les ai apportés de Birmanie. Ils sont très anciens et je ne les vendrai jamais. Ils protègent quiconque les porte du feu et du malheur. » Ils étaient d'argent massif, mais agrémentés d'émaux de couleurs bénéfiques : bleu, jaune et vert. Était-ce là l'œuvre d'un orfèvre akha ? « Nos artisans se sont toujours inspirés de nos voisins, me précisa alors mon interlocuteur. Quand nous vivions en Chine, nos bijoux d'argent ressemblaient à ceux des Chinois ; quand nous vivions parmi les Chan, ils ressemblaient à ceux des Chan. » Ces bracelets-là avaient pu être faits par un Chinois ou un Akha ayant vécu sous influence chinoise.

De toute façon, le travail de l'argent devint l'un des grands artisanats traditionnels akha, bien qu'il n'en soit pas fait mention dans les textes rituels antérieurs à un siècle. C'était généralement le forgeron qui se faisait orfèvre. Dans certains villages, il avait appris des Chinois ou des Chan les techniques

complexes du moulage; ailleurs, il reproduisait de belles pièces par martelage — boucles gravées de représentations stylisées: oiseaux, poissons, papillons, dragons, fleurs, motifs solaires ou lunaires. On est frappé par l'élégante simplicité du dessin — particulièrement pour les motifs animaliers et floraux —, et même Picasso, je pense, eût admiré la façon dont ces artisans réduisaient leur vision de la nature à quelques traits essentiels incisés sur une roupie d'argent indienne aplatie par martelage.

En argent plat, rond ou torsadé, de magnifiques bracelets, des bandeaux et des tours de cou sont les vestiges d'un passé akha vécu en Chine du Sud ou en Birmanie orientale, où les artisans façonnèrent ces pièces par centaines. De nos jours, seuls quelques rares villages de Thaïlande possèdent un orfèvre. « Mon arrière-grand-père, me dit le forgeron de Napeh, savait merveilleusement travailler l'argent. » Lui-même, toutefois, ne faisait que des bijoux en fer, tels que des tours de cou copiés sur des originaux en argent — des héritages de famille portés dans les grandes occasions.

Cet artisanat a en partie décliné parce que le prix de l'argent est monté au point qu'il est devenu dangereux pour les femmes akha de traverser la forêt pour se rendre aux champs en portant sur elles toute la fortune familiale. Quand, dans les années 1970, les bandits de la région se mirent à dépouiller les femmes de leurs coiffures, elles vendirent ou enterrèrent leurs trésors et les remplacèrent par des ornements d'aluminium, gardant parfois quelques pièces d'argent qu'elles ne portent qu'au village. A Napeh, un an avant notre arrivée, cette situation avait coûté la vie au *dzoema* Abaw Ayeh. Les bijoux akha avaient pris tant de valeur que les vols étaient quotidiens et, ne sachant comment préserver les objets précieux de sa famille, le *dzoema* avait résolu de les vendre et de cacher l'argent.

A l'époque, deux marchands thaïlandais faisaient la tournée de la montagne pour acheter des parures d'argent, et le *dzoema* alla les voir dans un village situé à une demi-heure de marche du sien. Il reçut un paiement de 10 000 baht — une somme qui devait lui éviter tout souci pour longtemps —, mais deux bandits qui avaient observé la transaction le suivirent. Aux abords de Napeh, ils tentèrent de lui arracher son argent, mais, comme le *dzoema* résistait, ils le poignardèrent. Ses cris furent entendus du village, mais, quand les secours arrivèrent, il expirait.

Les Akha considèrent la mort violente comme un signe de mauvais sort attaché à la victime, dont la communauté se tient le plus possible à l'écart. S'agissant de toute autre personne, les villageois auraient enterré le corps sur place, dans la forêt, sans prendre le risque de l'introduire — et avec lui, le malheur — par les portes gardiennes. Mais Abaw Ayeh avait été un *dzoema* et un homme de vie exemplaire, aussi sa dépouille fut-elle ramenée chez lui. On lui fit les funérailles qui convenaient, y compris le sacrifice d'un buffle; on y ajouta toutefois, par prudence, une récitation spéciale du *pima*, afin de guider son esprit outragé vers le monde des esprits.

Après la mort du *dzoema*, presque tous les habitants de Napeh cessèrent de porter des ornements d'argent, mais je vis plusieurs vieillards qui s'obstinaient à garder leurs longues pipes d'argent ou à monture d'argent, lesquelles, allumées ou éteintes, ne les quittaient jamais.

Un pêcheur akha va jeter son filet dans un bras peu profond du rapide Mae Suai. Cette résille est lestée de plombs, tenue de la main gauche grâce à une corde et lancée de la main droite. Elle permet au pêcheur de capturer des truites et d'autres poissons de taille moyenne. Les Akha se servent aussi de diverses sortes d'épuisettes et, pour les vairons et coquillages, de petites nasses.

Les textiles et les bijoux d'argent attestent l'aptitude des Akha à produire, à partir de ressources limitées, des objets utiles et beaux. Mais leur habileté créatrice me semble non moins manifeste dans leur art d'utiliser le matériau le plus aisément à leur portée: le bambou. Cette plante, qui pousse en abondance dans les forêts autour de leurs villages et qui est belle en elle-même, ils la transforment en une infinité d'objets remarquables.

Le bambou leur sert à fabriquer non seulement tout ce dont ils ont besoin en matière de meubles ou d'ustensiles de cuisine, mais aussi une grande variété d'instruments qui leur permettent d'exprimer leur amour de la musique. Les enfants savent déjà comment espacer des entailles sur une tige de bambou de 30 centimètres pour en faire une sorte de flûte à bec. L'harmonica akha est encore plus ingénieux: ce n'est qu'une section de tige mince, incomplètement fendue en trois sur la longueur, de façon à ménager une languette centrale, dont l'extrémité libre peut vibrer. Cet instrument émet des sons splendides quand on en serre une extrémité entre les lèvres et que l'on pince l'autre avec le pouce; le son s'enfle comme celui d'un jeu d'orgue si l'on accentue la pression des lèvres, et se nuance subtilement selon la puissance donnée au souffle. L'un des plaisirs des jeunes musiciens akha est de « parler » ainsi aux jeunes filles, des heures durant, sur l'aire de danse ou sur les sentiers de la forêt, en imitant sur l'instrument les monosyllabes des chansons d'amour les plus connues.

Un autre instrument, modeste mais très étonnant, est une musette sans sac, taillée dans une tige de bambou encore plus mince. Un tiers du tuyau, formant embouchure (une petite latte de bambou sert d'unique anche), se place dans la bouche, les deux autres tiers étant percés de trois trous. En gonflant ses joues et en jouant des doigts sur les trois trous, n'importe quelle petite fille de neuf ou dix ans, en allant en forêt ramasser du bois ou tenir compagnie à une amie fileuse, sait produire des sons aigus, analogues à ceux d'une cornemuse ou d'une *zampogna* sarde.

Mais l'illustration la plus éclatante de la technologie akha du bambou est le miracle architectural qui a lieu chaque fois qu'on édifie une maison. Il s'agit là de virtuosité pure, et pourtant rien n'est mis sur papier, ni plans, ni dimensions, ni ordre des travaux. Et c'est aussi la preuve la plus éclatante de la permanence de l'enseignement traditionnel.

On fait appel à la somme d'expérience du forgeron, en sa qualité de conseiller de construction, pour s'assurer que tout est fait au mieux; et la rapidité spectaculaire avec laquelle la maison est montée, dès le premier jour choisi, dissimule tout le travail hautement organisé qui a précédé. Les hommes de la famille coupent en forêt les poutres et les perches de bambou, qu'ils mesurent au moyen d'unités peu conventionnelles — mais exactes —, comme la « brasse » utilisée par Misaw pour sa pièce de coton. Évalués en coudées, en palmes et en doigts, tous les éléments s'ajusteront comme prévu au moment où le montage s'effectuera.

Les femmes aident à couper le bambou, mais leur tâche principale est de préparer les quelque trois cents bardeaux de chaume pour le toit. Elles vont couper l'imperata dans les champs en friche et le lient en énormes gerbes qu'elles remontent au village avec des chevaux de bât ou sur leur propre dos.

Pendant des jours, je les ai vues rentrer au crépuscule, ployant sous des charges hautes de près de 3 mètres. Les plus petites femmes chancelaient sous leur fardeau, mais je n'ai jamais entendu une plainte ni pendant le transport ni plus tard, quand il fallait fixer le chaume sur des bâtons pour former les bardeaux. Les femmes travaillent très dur dans cette société, et les Akha en sont fiers. Mais, surtout, je n'ai jamais vu des enfants travailler autant que les adolescentes akha, qui semblent occupées en permanence, du matin au soir, à toutes sortes de tâches.

Enfin, les préparatifs terminés, quinze ou vingt personnes de la famille se réunissent, par un jour propice, pour dresser les poteaux et assembler tous les éléments. Il en résulte une remarquable construction, à la fois souple et solide, qui démontre le don des Akha pour faire naître la beauté fonctionnelle à partir des matériaux les plus simples. Une sobriété certaine sied parfaitement bien à ce genre de construction, dans laquelle n'entre aucune ornementation superflue.

Comme il en est pour toutes les entreprises de la vie pratique, la tradition — l'*Akhazang* — régit toutes les étapes de la construction. L'atmosphère de fête et de solidarité joyeuse qui règne alors masque la gravité de l'enjeu. Si les matériaux fournis par la forêt ne coûtent rien, bâtir une maison entraîne néanmoins une grande dépense. Il serait impossible de le faire sans observer les prescriptions touchant les ancêtres de la famille et les « esprits propriétaires » de la terre où s'édifie la maison. Des repas de cérémonie doivent être prévus à titre d'offrande et aussi pour nourrir l'équipe de travailleurs ; ils comportent au moins un chien et, en général, un porc. Ce sont là des frais que les familles pauvres peuvent difficilement assumer, et il leur faut cette exceptionnelle circonstance pour qu'elles y consentent avec sérénité.

En outre, bien que ce soit les membres de la famille qui fournissent la main-d'œuvre, cette assistance est à charge de réciprocité. L'une des maisons que j'ai vu construire représentait le travail de 15 aides pendant deux jours, ce qui impliquait que la famille serait tenue de rendre deux jours de travail à chacune des autres familles au cours des quelques années à venir — dette considérable dans un monde où un travail incessant suffit à peine pour se procurer de quoi vivre.

Malgré tout, ces engagements mutuels, bien compris et honorés par tous les Akha, font partie des liens solides — et même inaltérables, comme il semble — qui maintiennent l'union de la société akha et qui lui ont conservé, malgré l'adversité, son caractère propre depuis si longtemps.

Les mille usages du bambou

Aisément transformé en maisons, ponts, clôtures, conduites, flûtes ou socques, le bambou — le matériau à tout faire des peuples de la montagne — est une graminée géante, qui pousse en touffes partout où elle trouve la place pour se développer. Il est abondant, de croissance rapide, facile à couper et léger à transporter, et existe en une grande diversité de tailles, depuis les tiges de la grosseur d'un crayon jusqu'aux troncs ligneux de 30 centimètres de diamètre. Et son rapport résistance-poids est supérieur à celui de l'acier. Les habitants de la montagne savent depuis longtemps utiliser au mieux chaque variété. Les plus grands bambous — rigides, morts, rectilignes et dépassant 35 mètres de haut —

Les parois ajourées de ce grand panier à bois sont faites de lattes de bambou fendu. Cette belle patine brune vient de ce que le panier est suspendu au

conviennent parfaitement à la construction. Creux et étanches, taillés dans une section de tige épaisse, ils procurent de très bons récipients — pour cuire le riz à la vapeur ou conserver des provisions —, avec ou sans un solide nœud pour servir de base. Coupés sur leur longueur, ils forment des aqueducs qui, de loin, canalisent l'eau d'une source jusqu'au village. Des tiges plus minces et flexibles peuvent être courbées pour façonner des meubles ; coupées en lattes, elles se tressent en nattes et en paniers. Assoupli par trempage et débité en lanières, le bambou fournit aussi des liens. Enfin, avec les chaumes les plus fins laissés entiers, on fabrique des tuyaux de pipe ou de petits instruments de musique.

plafond au-dessus d'un foyer, où la fumée de feu de bois l'imprègne lentement. Ce traitement a aussi pour effet de protéger le bambou contre les insectes.

Avec un grand couteau, un homme égalise les nœuds d'une latte de bambou (encadré ci-dessus). Une fois préparées, ces longues lattes sont entrelacées par le vannier (à droite), qui fabrique habituellement une hotte en deux heures de travail environ.

Cette conduite, soutenue par des piquets fourchus, est faite de demi-troncs de bambou. Elle amène jusqu'au village l'eau d'une source de haute montagne.

A la jonction de deux segments, une feuille suffit à dériver l'eau dans un entonnoir fait d'une calebasse.

Avec des fibres d'écorce, un homme tresse les lanières d'une paire de socques taillées dans un morceau de bambou. Les hommes les portent pendant les

pluies pour augmenter l'adhérence du pied dans la boue et éviter de glisser sur les pentes. Les femmes, traditionnellement, vont toujours pieds nus.

Un piège à oiseau appâté avec un ver (à gauche) est mis sous tension à l'aide d'une ficelle, qui relie une détente délicatement équilibrée à une boucle de bambou pivotante. Quand l'oiseau passe la tête pour gober le ver, la détente saute, le bâtonnet se relève et serre le nœud coulant qui étrangle aussitôt le petit animal (ci-dessous).

Dans un village akha, de hautes clôtures de bambou entourent les arrière-cours contiguës. Une barrière (à droite), faite de longues perches de bambou

insérées dans des poteaux, se ferme en totalité ou en partie pour empêcher les animaux de la maison de s'échapper ou les cochons du voisin d'entrer.

D'épaisses perches de bambou liées ensemble constituent la passerelle (encadré) d'un pont piétonnier jeté sur le Mae Suai. Des piles implantées sur les

deux rives soutiennent sa portée de 8 mètres. Les arceaux faits de solides branches d'arbre (ci-dessus) ont pour objet de mieux répartir la charge.

Quatre | **Randonnée en région frontalière**

Après avoir vécu quelque temps parmi les villageois de Napeh, j'eus envie de connaître leur précédente patrie — une région montagneuse proche de la frontière birmano-thaïlandaise. Certains d'entre eux s'y rendaient parfois, couvrant à pied plus de 60 kilomètres, pour aller voir des amis ou des parents, et je résolus de faire moi aussi le voyage. Un matin de janvier, je partis avec Liphi, un Akha parlant l'anglais, qui gagnait sa vie comme guide de randonnées dans la «jungle». Né en Birmanie, il connaissait bien la région frontalière et il fut enchanté d'entreprendre cette excursion de cinq jours dans le Nord, où il espérait retrouver beaucoup de vieux amis.

Nous suivîmes en voiture la route de terre battue tant qu'elle fut praticable, et je remarquai que les villages de montagne de cette région étaient d'une grande misère, à cause de la raréfaction des terres. Les limites des champs brûlés se confondaient, et les villageois avaient perdu jusqu'à la protection de leur ceinture forestière. Comme les autorités thaïlandaises les dissuadaient de s'installer ailleurs, leur avenir — et même leur présent — semblait bien sombre. Plus au nord, là où nous allions, le problème des terres était moins angoissant, mais c'étaient les troubles politiques de la zone frontalière qu'ils devaient affronter.

A partir du petit bourg où finissait la route, nous nous mîmes en marche sur un sentier de montagne, chargés de notre équipement — sacs de couchage et sacs à dos bourrés de vêtements de rechange, de rations alimentaires et de médicaments. L'étroite piste suivait une crête sur 4 kilomètres environ, puis plongeait vers le lit d'un ruisseau, au fond d'un repli montagneux, pour remonter ensuite sur la crête suivante. Sur les pentes escarpées, elle décrivait des lacets coupés parfois de marches taillées par les montagnards pour faciliter la progression. Peinant dans les montées, courbé sous le poids de mon chargement, j'avais à peine la force de regarder autour de moi et, à la

fin de la journée, j'étais exténué. Liphi nous trouva un abri pour la nuit chez le *buseh* d'un petit village akha, à une quinzaine de kilomètres de la frontière. J'y passai la soirée dans un état de bienheureux engourdissement, favorisé par un repas de riz et de légumes arrosé de plusieurs coupes d'alcool de riz. Le lendemain matin, en m'éveillant, sous le porche couvert, au martèlement des décortiqueuses de riz, j'eus une inspiration : un cheval !

Dans nombre de villages akha, les quelques familles qui en ont les moyens possèdent un ou deux chevaux de bât, qui leur servent à ramener au village les sacs de riz ou de légumes récoltés dans les champs et à transporter du bois ou des gerbes de chaume. A Napeh, à l'aube, j'en voyais une douzaine, attachés dans l'avenue centrale, bâtés et prêts à partir. Ces chevaux font parfois de plus longs voyages — jusqu'à des villages éloignés ou jusqu'aux marchés des plaines —, mais, comme on les monte rarement, ils ne font pas plus de chemin en un jour qu'un homme allant à pied. Sur la piste, nous avions fréquemment rencontré des convois d'une demi-douzaine de chevaux, un ou deux hommes à leur tête et plusieurs autres fermant la marche. Ces chevaux n'étaient pas encordés : chacun avançait à sa propre allure, la tête courbée, attentif à assurer ses pas dans les ornières.

Le *buseh* nous dit que ses chevaux étaient occupés, mais que son frère en avait un de libre. On dépêcha un enfant chercher ce frère, nommé Agoh, et l'on se mit à discuter l'affaire à loisir en buvant quelques coupes d'alcool de riz. Agoh, au début, se montra réservé et beaucoup moins sûr que nous de l'opportunité de continuer ce voyage. Il connaissait la région et jugeait peu avisé d'y introduire un étranger. Elle était, dit-il, en grande partie surveillée par des soldats du Kouo-min-tang, vestiges des troupes chinoises nationalistes défaites par les communistes au cours des années 1940, qui s'étaient enfuis d'abord en Birmanie, puis dans le Nord de la Thaïlande. Les autorités thaïlandaises leur avaient permis de rester dans la région, afin de renforcer les patrouilles insuffisantes qui protégeaient la frontière contre les groupes armés opérant de l'autre côté. Depuis la Deuxième Guerre mondiale, le Kouo-min-tang—où de jeunes générations ont pris la relève—a mis sur pied une organisation hautement lucrative de production d'opium, incitant de nombreux peuples de la montagne à cultiver le pavot sur les hautes crêtes, où les conditions climatiques sont extrêmement favorables. Cette activité illégale a enrichi la région, mais elle a mis ses habitants à la merci du Kouo-min-tang et des individus qui dirigent le trafic. En outre, la région est infestée de bandits, qui dépouillent les montagnards de leur opium, et les voyageurs de leur argent et objets de valeur.

On m'avait averti de ces risques, avant mon départ de Napeh, mais ils m'avaient paru exagérés. J'encourageai malgré tout Liphi à insister pour que nous poursuivions notre route, et Agoh finit par céder. Après quelques longs silences et plusieurs coupes d'alcool de riz supplémentaires, il énonça une somme astronomique, qui devait inclure la disposition non seulement du cheval, mais de sa propre personne, armée comme il convient pour nous défendre contre les bandits. Liphi vit ma surprise et me fit remarquer que la location d'un cheval dans la montagne thaïlandaise ne saurait se comparer au fait d'en louer un dans une écurie en ville. Le propriétaire encourt un grand risque de se le faire voler s'il s'éloigne trop de chez lui, et, dans la montagne, il n'y a ni gendarmes pour l'aider à le récupérer ni assurance pour l'indemniser. Les énormes prétentions d'Agoh — son tarif quotidien représentait plus de dix fois les gages d'un journalier akha—commencèrent à me paraître presque raisonnables, d'autant qu'il se proposait de défendre nos vies avec un authentique fusil M-16—sans doute un surplus militaire.

Le marché conclu, Agoh alla chercher un antique bât en bois et y arrima solidement nos bagages, équilibrant avec soin le poids de chaque côté. Nous partîmes donc, sans avoir rien d'autre à porter qu'un petit sac en bandoulière. Après les efforts de la veille, je me sentais le cœur et le pied légers, mais le cheval se révéla quelque peu traînard. Il ne manquait pas une occasion de brouter les jeunes pousses de bambou au bord de la piste, et restait là un moment à ruminer sur sa bonne fortune.

C'était sans grande importance, car les montagnes de Thaïlande n'offrent pas un terrain propice à la vitesse. Nous nous dirigions vers un long massif élevé, parallèle à la frontière birmane, et la piste sinueuse en suivait le contrefort en montant et descendant. En plusieurs endroits, elle traversait de luxuriants bosquets où ne manquaient ni les arbres majestueux, ni les lianes retombantes, ni les arbustes odorants. Ces îlots de végétation tropicale suffisaient à donner une idée du paradis que devaient être ces forêts il y a quelques siècles. Mais très vite réapparaissaient les broussailles et les champs brûlés, parsemés de bananiers sauvages et de bambous géants.

Vers midi, nous décidâmes de prendre un raccourci par un sentier, abandonné depuis longtemps, qu'Agoh se rappelait avoir découvert dix ans auparavant. Quittant la piste, nous nous mîmes donc à suivre le cheval à travers des fourrés qui nous ralentissaient à chaque pas. La marche était difficile, mais Agoh nous assura que nous allions ainsi gagner beaucoup de

Deux statues de bois maltraitées par les intempéries, adossées contre une clôture à l'entrée d'un village akha proche de la frontière nord-ouest de la Thaïlande. Chaque communauté akha sculpte dans son style propre ces figures tutélaires traditionnelles. Ici, l'aspect familier du couple est souligné par la pipe que tient encore le personnage masculin.

temps. En un point, nous dûmes nous frayer un chemin dans un champ d'imperata, dont les tiges perfides, hautes comme un homme, s'écartaient au passage du cheval pour se refermer aussitôt, me fouettant souvent en plein visage. Un fragment acéré de feuille se ficha comme un dard dans ma cornée, et il me fallut l'arracher avant de pouvoir refermer la paupière ; pendant deux jours, je ne vis presque plus de cet œil. Dès lors, chaque fois que nous entrions dans un fourré épais, je gardai mon chapeau de brousse bien enfoncé sur la tête et les yeux tournés vers le sol.

Après plusieurs heures passées dans les buissons, nous nous retrouvâmes brusquement sur une piste large et bien tracée, aussi déclive qu'une piste de ski et creusée de profondes ornières par le passage des chevaux et par les torrents qui dévalent les montagnes pendant la mousson. En contrebas, nous entendions un ruisseau bondir à travers la forêt, mais nous l'atteignîmes avant presque de l'avoir vu. Le cheval but à sa soif en traversant à gué son cours rapide mais étroit. Quant à nous, nous empruntâmes une passerelle — un arbre de la rive surélevée, qu'on avait abattu à cet effet. Une fois de l'autre côté, Agoh et Liphi dessellèrent le cheval pour le faire reposer. L'animal trouva immédiatement un fourré de bananiers où il se mit à brouter.

Sur les hauteurs environnantes on apercevait disséminés les villages de différentes peuplades — Akha, Lisu, Lahu et Yao —, et des voyageurs vêtus de toutes sortes de costumes allaient et venaient de l'un à l'autre avec leurs chevaux de bât. Une famille de Lisu, en vêtements bigarrés et turbans noirs, avait atteint le gué avant nous et s'était assise pour donner un répit aux chevaux. Un petit garçon, âgé de neuf ou dix ans, au risque de prendre un bain, parcourait le tronc d'arbre dans les deux sens sur la pointe des pieds. Tout à coup, du versant que nous allions gravir parvint un grand ébranlement. Une douzaine d'hommes et autant de chevaux descendaient prudemment une piste encore plus raide que celle d'où nous arrivions. Ils étaient vêtus d'un assemblage hétéroclite de chemises tissées à la main et d'éléments d'uniformes provenant de surplus militaires ; ils portaient des fusils et avaient de longues machettes passées à la ceinture. Leurs chevaux de bât semblaient très légèrement chargés.

Liphi me dit que c'étaient des Chan. Les Chan, le peuple le plus puissant de l'État de Keng-tung, en Birmanie, révolté contre le gouvernement central depuis les années 1950, avaient réussi à s'assurer un semblant d'autonomie dans l'Est du pays. Ceux-là, pensait Liphi, descendaient sans doute des hauts plateaux de Keng-tung pour se rendre sur un marché de Thaïlande, où ils pourraient échanger de l'opium brut contre, entre autres merveilles, des radios à transistors et des montres à quartz. Les Chan passèrent la rivière à gué sans un mot et disparurent dans la direction d'où nous étions venus.

Ce fut pour nous le signal de seller le cheval et d'entreprendre la longue escalade de la crête suivante. Au bout de deux heures environ, nous parvînmes au premier d'une série de villages akha échelonnés sur la piste ; mais, comme nous étions pressés par le temps, nous passâmes, sans entrer, devant les portes gardiennes.

Une dense forêt couvrait encore le haut de la montagne, mais au-dessus de la piste, il n'y avait que des brûlis. Au milieu de chaque champ se dressait

Dans un village akha de haute montagne, un troupeau de buffles gras passe sous un aqueduc en bambou. Une arrivée d'eau centrale et des bêtes bien nourries sont des signes de la richesse relative que la culture du pavot apporte aux villages de la région.

une cabane en bambou coiffée de chaume, où le propriétaire et sa famille pouvaient, dans les mois les plus chauds, chercher refuge à midi, lorsque le soleil poursuit sur les versants sa politique de la terre brûlée. Si nous avions disposé d'un peu de temps, nous aurions volontiers fait la sieste dans l'une d'elles, car les Akha n'ont aucun scrupule à utiliser la cabane de quelqu'un d'autre pour se reposer en chemin.

Sur notre route, nous dépassâmes plusieurs sources, toutes soigneusement canalisées dans des conduites en demi-troncs de bambou soutenus par des piquets fourchus. A l'arrivée de chaque conduite, on trouvait généralement un gobelet en bambou pendu à une branche ou un bâton, pour que chacun pût se désaltérer. Cette prévenance à l'égard des voyageurs est le fait des habitants du plus proche village. L'eau, si précieuse dans la montagne, mérite le plus grand respect, surtout pendant la saison sèche. L'implantation traditionnelle des Akha — à mi-hauteur des versants, entre des peuples plus forts installés au-dessus et au-dessous d'eux — leur rend difficile un bon approvisionnement en eau et les incite à considérer comme un devoir premier de rendre une source accessible à tous.

La piste passait par des villages du Kouo-min-tang, mais nous ne vîmes trace nulle part de prospérité mal acquise. Ces paysans chinois n'étaient que des montagnards vivant au milieu de leurs cochons et poulets, qui gagnaient leur vie aussi durement que les autres. Leurs maisons de bambou n'étaient pas très différentes de celles des Akha, mais chaque village se groupait autour de plusieurs échoppes en bambou, à façade ouverte, où l'on trouvait un assortiment réduit, mais utile, d'articles tels que piles pour lampes de poche, nouilles chinoises, sauce de soja, alcool de riz, sandales en caoutchouc, savon, deux marques de cigarettes thaïlandaises, allumettes.

Au sommet de la crête, nous arrivâmes dans un hameau ne comptant qu'une demi-douzaine de maisons en bambou en bordure de la piste et dominant la frontière birmano-thaïlandaise. Il était habité par des Chinois Haw — négociants montagnards traditionnels, dont les ancêtres, comme ceux des Akha, avaient vécu pendant des siècles dans les montagnes du Yun-nan. Mais, même là, il y avait un bazar solitaire, tenu par une belle jeune femme enceinte, déjà pourvue d'un bébé hurlant. Elle aussi vendait des piles, des nouilles, de l'alcool de riz, etc. Il me vint à l'esprit que sa modeste boutique représentait, dans cette partie du monde, le poste du capitalisme le plus avancé vers le nord: à partir de là jusqu'au Pôle Nord, tout était, nominalement du moins, socialiste. Dans l'enclos contigu, il y avait des chevaux gris, encore moitié moins grands que ceux des Akha, mais capables de porter des charges bien plus lourdes. Ce sont eux qui hissent jusqu'au sommet de la montagne les marchandises exposées au bazar.

La piste continuait, presque exactement parallèle à la frontière. Dans le village suivant, nous vîmes des soldats du Kouo-min-tang; trois ou quatre jeunes gens en tenue de corvée, sans insignes, et un homme plus âgé, probablement un officier, chargés de surveiller ce secteur. Debout sur un tertre dominant la piste, ils nous inspectèrent d'un œil noir. Mais notre bonne mine, ou plutôt le cordial salut de Liphi, nous servit de laissez-passer. Vers la fin de l'après-midi, nous rencontrâmes deux femmes akha, qui se rendaient d'un village à l'autre. L'une d'elles avait, en Birmanie, fréquenté la même école de mission que Liphi. Ils ne s'étaient pas vus depuis douze ans ; ils se placèrent en queue de la colonne et se mirent à se raconter leur vie.

Nous fîmes ensuite une brève halte dans un village akha perché sur un piton et entouré d'épaisses broussailles. Nous y entrâmes par la porte basse et rendîmes une visite de courtoisie au *dzoema*. Ici, les choses allaient plutôt mal : des enfants en haillons, des maisons délabrées, des adultes hostiles ou indifférents. On sentait ces gens traqués par la pauvreté, désespérant de l'avenir ; je commençai à comprendre que les villageois de Napeh faisaient partie de la faible minorité des Akha favorisés.

Nous continuâmes jusqu'à un autre hameau akha, établi sur un éperon montagneux, tombant sur le cours d'un torrent. Nous étions enfin arrivés dans la région où le problème de la terre est moins pressant. Le village semblait mieux entretenu que tous ceux que nous avions vus. Nous y pénétrâmes cérémonieusement par la porte supérieure, laquelle était gardée par plusieurs personnages sculptés. En outre, sur le linteau, grimaçait de toutes ses dents une tête de chien noir, desséchée, les orbites vides. « Ça, me dit Liphi, c'est le signe qu'il y a eu une maladie dans le village. » Nous apprîmes par la suite que les cochons des paysans mouraient de la grippe porcine. Une tête de chien sur la porte est un vieux symbole akha destiné à repousser les forces maléfiques qui provoquent les épidémies.

Sans nous laisser impressionner, nous nous dirigeâmes vers la demeure du *buseh*, au centre du village — une vaste maison neuve, dont les pignons s'ornaient de piquets sculptés. Liphi me présenta, et le *buseh*, nommé Yehju, nous invita cordialement à passer la nuit chez lui. Nous lui offrîmes une bouteille d'alcool de riz, et il nous en remercia en nous conviant à dîner avec quelques anciens. Grand, aristocratique, avec un visage à l'ossature racée et un regard assez distant, il avait la prestance d'un chaman tibétain ou d'un chef indien d'Amérique.

Yehju et son épouse avaient une soixantaine d'années. Elle, une fort belle femme, portait une magnifique coiffure lourdement ornée de boules et de pièces d'argent, à la mode dite de Loimi, originaire de Birmanie. Le couple n'avait qu'un fils unique, mais ce fils avait pris deux femmes qui lui avaient donné neuf enfants. Les grands-parents en étaient très fiers, et ce fut la première chose qu'ils nous dirent, car cela impliquait que la famille honorait et perpétuait les ancêtres, et que les ancêtres protégeaient la famille.

Peu après la tombée de la nuit, nous partageâmes, entre hommes, un dîner de fête, composé de poulet, de plantes de la forêt marinées et de riz de montagne. Yehju s'excusa de ce qu'il n'y eut pas de porc, toutes ses bêtes ayant été frappées par la grippe. Puis, en buvant d'innombrables tasses de thé de forêt, il nous conta son histoire.

Yehju avait eu une existence féconde et, à certains égards, exceptionnelle, mais pourtant représentative de ce que beaucoup d'Akha ont enduré à une époque récente. Il était né en Birmanie, à Yalgoh, village montagnard situé à deux jours de marche de la ville de Keng-tung, capitale de l'État du même nom. La Deuxième Guerre mondiale avait épargné le village, mais les troubles civils qui éclatèrent en Birmanie après la guerre l'incitèrent à se transporter plus au sud avec sa famille. Au bout de dix jours de marche, ils parvinrent, dans une région reculée de la Birmanie, jusqu'à un village akha où ils vécurent pendant deux ans, et dont Yehju devint le *buseh*. Mais les hostilités les rattrapèrent. Des soldats du Kouo-min-tang, battant en retraite devant les communistes chinois, taxèrent le village d'un « impôt » de 1 500 roupies — environ 1 200 francs. La somme ne pouvant être réunie, Yehju fut emmené au camp chinois et roué de coups. « J'étais à demi-mort, dit-il, mais je pris des herbes de la jungle pendant sept jours et je recouvrai assez de forces pour m'évader et rejoindre les miens. »

Yehju retourna dans son village, mais il craignait d'être repris. Avec tous les gens du village, il se transporta de nouveau plus au sud et s'installa en un site où il vécut huit années prospères. Puis la région se trouva déchirée par les combats qui opposaient le gouvernement central birman à un groupe de Lahu — peuple montagnard plus belliqueux que les Akha. Les partisans lahu luttaient depuis plusieurs années pour leur indépendance. Les avions birmans bombardèrent les villages des Akha comme ceux des Lahu. Les armées gouvernementales arrivèrent dans le village de Yehju et enrôlèrent tous les hommes valides à titre de porteurs sans solde de bagages et de munitions. Les partisans disparurent dans la jungle, mais, dès le départ des Birmans, les Lahu revinrent et exigèrent des Akha restants des contributions d'autant plus difficiles à payer que les hommes jeunes du village ne furent pas libérés de leurs travaux forcés avant plusieurs mois. Les Akha souffrirent la même situation qu'antan, une épreuve maintes fois reproduite au cours de leur longue histoire faite d'errance et de souffrances : leurs voisins plus puissants les avaient toujours considérés comme une réserve de main-d'œuvre exploitable à volonté.

Les Lahu rendirent la vie si intolérable que Yehju et plusieurs familles de sa parenté résolurent de s'enfuir. « Nous étions quasiment en esclavage, dit Yehju. Nous travaillions dans les champs, et ils attendaient le moment de nous prendre nos récoltes. » Comme des Lahu armés gardaient le village, les partisans de Yehju envoyèrent clandestinement deux éclaireurs reconnaître une route d'évasion et un nouvel endroit où ils pourraient se fixer. Les éclaireurs se rendirent jusqu'en Thaïlande, trouvèrent un passage sûr de la frontière et revinrent au rapport. Sous leur conduite, cinq familles, dont celle de Yehju, entreprirent leur exode.

Pour ne pas éveiller les soupçons, ils abandonnèrent sur place leur bétail et leurs biens, n'emportant que les ornements d'argent qu'ils portaient sur eux, un peu d'opium brut et ce que pouvaient contenir leurs hottes. Les cinq familles — douze adultes et onze enfants — sortirent du village, devant les gardes, comme s'ils se rendaient aux champs pour la journée. En fait, ils marchèrent aussi loin qu'ils purent vers le sud, toute la journée et la nuit suivante, puis ils se cachèrent dans la forêt. « Les mères portaient leurs petits enfants sur le dos. Nous avions avec nous un nouveau-né et un chien. Le chien nous prévenait de l'approche des Lahu, et nous nous cachions. Une fois, le bébé pleura ; heureusement, personne ne l'entendit. Mais il nous fallut abandonner les vieillards, trop faibles pour continuer le voyage. » Je

Un orfèvre transforme une pièce de monnaie en l'une de ces boules creuses qui ornent les coiffures des femmes. La maintenant avec des pinces (en haut), il l'amincit d'abord au marteau. Puis, dans un moule en corne calé entre ses pieds (en bas), il l'emboutit en forme d'hémisphère à l'aide d'un pilon. En soudant ensemble deux de ces pièces ainsi façonnées, il terminera l'ornement.

demandai ce qui était advenu de ces parents âgés et de ceux qui étaient restés au village. Yehju éluda ma question ; le sujet lui était pénible. Même si les autres villageois avaient survécu aux exactions des partisans lahu, ils avaient dû connaître de dures épreuves, ainsi privés de leurs compagnons les plus solides et les plus actifs.

Dès que les fugitifs furent certains de n'être pas poursuivis, ils marchèrent de jour et passèrent les nuits, autant que possible, dans des villages akha. Ils n'emportaient des provisions que pour un jour à la fois et comptaient sur l'assistance d'amis ou de montagnards sympathisants. Après des jours de marche, les éclaireurs leur dirent qu'ils avaient atteint la frontière thaïlandaise; ils la franchirent par un sentier forestier déjà repéré, en évitant le passage officiel, au pont de Mae Sai.

En Thaïlande, ils n'avaient ni parents ni connaissances, mais la chance voulut que, dans le premier village chinois traversé, Yehju rencontrât un marchand de bétail haw avec lequel il avait traité des années auparavant, en Birmanie. Cet homme leur conseilla de s'installer dans les environs immédiats, car il connaissait les risques de cette nouvelle contrée. « Si vous descendez plus au sud, leur dit-il, vous aurez des difficultés avec les autorités thaïlandaises. Restez ici, et l'on s'occupera de vous. »

Ils n'étaient pas sûrs que les Chinois fussent vraiment pour eux de bons amis, mais, comme ils ne parlaient ni le thaïlandais ni le chinois, et que les autres Akha en fuite qu'ils rencontraient étaient autant qu'eux étrangers au pays, ils jugèrent sage de se fixer auprès de gens familiarisés avec leur nouvelle patrie et qui en connaissaient la langue.

Yehju et les siens choisirent un site dans la forêt et décidèrent d'y bâtir leur village, bien que le terrain fût plus en pente qu'ils n'auraient souhaité. Mais aucun d'eux n'était suffisamment versé dans les lois et les rituels de l'*Akhazang* pour prétendre être *dzoema*. Toutefois, parmi le flot des réfugiés akha qui passaient la frontière, ils trouvèrent un vieillard d'expérience, Ja Cheh, qui accepta de remplir cette fonction. Cet homme et les deux familles qui l'accompagnaient n'étaient pas du même clan que le groupe de Yehju, mais ce n'était pas un empêchement; la plupart des villages akha se composent de gens de clans différents. D'ailleurs, le rituel de l'*Akhazang* ne peut se dérouler dans sa plénitude que si les membres de trois clans au moins se réunissent pour créer une nouvelle communauté. C'était donc Ja Cheh qui, trois ans avant ma visite, avait accompli les cérémonies de fondation, en laissant tomber un œuf pour déterminer l'emplacement de sa maison. Conformément à la coutume, tout le monde avait durement travaillé pour construire cette demeure, si possible en un seul jour (à tout le moins, le toit du *dzoema* doit être terminé le premier jour). Ensuite, ils nivelèrent l'aire de danse. Par la suite, d'autres Akha venus de Birmanie se joignirent à eux, et le nouveau village leur réserva le meilleur accueil. A l'époque de ma visite, la communauté comptait 37 familles, dont la moitié environ appartenaient au clan du *buseh*, et les autres à divers autres clans.

Dès que la construction des maisons fut en bonne voie, ils commencèrent à défricher et à brûler les versants du voisinage pour y cultiver le riz de l'année suivante. Comme ils n'avaient pas de réserves de riz, ils vendirent les trente

L'art des ciseleurs

Les Akha vivent parmi d'autres peuples renommés pour le raffinement de leurs bijoux d'argent. Au cours des ans, ils ont acquis beaucoup de belles pièces et, toujours prêts à s'inspirer du savoir de leurs voisins, ils se sont, depuis un siècle, perfectionnés eux-mêmes dans le travail de l'argent. Sans rivaliser avec les plus belles créations des Chinois, des Chan de Birmanie ou des Hmong, les bijoux et les ornements de coiffure akha sont d'une sobre beauté.

Les orfèvres les plus habiles utilisent une grande variété de techniques. Parfois, ils gravent des motifs au burin sur le métal, ou bien ils travaillent sur l'envers une feuille d'argent au repoussé, ou même ils y incrustent des fragments d'émail. Les artisans moins savants se contentent de tordre des fils d'argent pour orner des bagues, ou d'emboutir des pièces de monnaie pour les transformer en boules destinées aux coiffures.

De nos jours, le prix élevé de l'argent et le risque de se faire dépouiller par des bandits détournent les Akha de commander des objets trop ostentatoires, et rares sont les orfèvres qui pratiquent toujours leur métier. Mais certaines familles possèdent encore d'importantes créations des artisans de jadis. Souvent, elles les tiennent cachées et se contentent d'ornements d'aluminium pour la vie quotidienne. Lors des fêtes, toutefois, ces belles parures du temps passé revoient le jour.

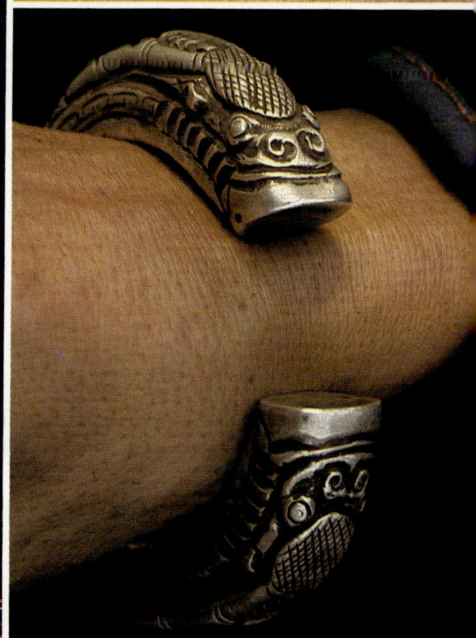

Bijoux attestant l'éclectisme des Akha. Sur cette page, dans le sens des aiguilles d'une montre : pendentif akha orné d'un poisson, bagues akha à motifs de fil d'argent, bracelet akha gravé de têtes de dragon, bracelets chinois incrustés d'émail. Page ci-contre, dans le même sens : bracelet hmong en argent torsadé, corselet de femme akha avec une frange de clefs, et lourd torque akha.

livres d'opium brut qu'ils avaient réussi à emporter. C'était, avec leurs ornements d'argent, leur seule richesse. Les marchands d'opium chinois ne leur payèrent que 850 francs environ le *joi* (3 livres et demie), soit un quart du cours normal de l'époque. « Chaque mois, nous vendîmes un *joi*, et nous pûmes ainsi acheter du riz pendant nos huit premiers mois en Thaïlande. Ensuite, il n'y eut plus d'opium, et nos meilleurs travailleurs durent se louer pour presque rien aux paysans chinois. »

Trois ans plus tard, le village se suffisait à lui-même, mais ses habitants remboursaient encore leurs dettes envers les Chinois. « Nous avons nos champs à nous et, cette année, pour la première fois, nous avons récolté assez de riz pour nourrir tout le monde. Nous cultivons aussi des légumes et un peu d'opium. Si cher qu'on nous paie, nous ne voudrions travailler pour personne. » Mais un problème restait insoluble en Thaïlande. « Il n'y a pas assez de terres. En Birmanie, nous laissions la majeure partie des champs en friche pendant de longues périodes. Ainsi, les ancêtres pouvaient demeurer au même endroit un siècle, ou plus. Chaque famille cultivait deux ou trois champs, mais un seul de riz ; nous pratiquions également la rotation des cultures. Mais ici, il est impossible que chaque famille dispose d'une étendue suffisante ; il y a tout juste assez de terres à une distance accessible du village ; il faudrait que les gens aillent de plus en plus loin pour se rendre à leur labeur et ce n'est guère possible. »

Malgré tout, les villageois s'estimaient heureux. « Ici, du moins, dit Yehju, nous avons la paix. Aucun avion ne vient nous bombarder. Les gens de guerre nous laissent tranquilles. En Birmanie, si un chien aboyait, il fallait être prêt à courir se cacher. Ici, on peut dormir, même si le chien aboie. Et nous travaillons en sachant que nous garderons nos récoltes. »

Le Kouo-min-tang protégeait les villageois des voleurs et des brigands. Pour le moment, le *buseh* avait l'espoir de maintenir cette prospérité récente et cette sécurité pour le moins fragile. Quiconque cultive l'opium court des risques, et toute offense au Kouo-min-tang peut entraîner des représailles.

La culture du pavot n'est pas traditionnelle chez les Akha ; leurs textes n'en font pas mention, alors qu'on y trouve, pour la culture du coton par exemple, des instructions détaillées. Mais les trafiquants chan ou chinois paient de 2000 à 4000 francs le *joi* d'opium brut, ce qui est une puissante incitation pour les peuples de la montagne. Les pavots fleurissent, selon la variété, entre novembre et février; puis les pétales tombent, laissant une capsule ovoïde qui contient le latex opiacé. Les femmes incisent les capsules avec un couteau tranchant. Le lendemain, les hommes raclent le latex, noirci par oxydation, qui exsude de la capsule et l'empaquettent dans des feuilles de bananier. Pittoresques et charmantes semblent les jeunes filles couronnées d'argent qui travaillent dans les champs de pavots ; totalement indifférents, les hommes qui manipulent les pains de cette résine noire et poisseuse. Pour les Akha, l'opium est essentiellement un remède efficace, bien que dangereux, contre — entre autres choses — la malaria, la dysenterie, les rhumatismes, la diarrhée et les crampes de la faim. En outre, dans certains villages, quelques hommes adultes fument parfois de l'opium pour le plaisir. La plupart de ceux-là ne sont que des utilisateurs occasionnels, sans aucune dépendance, mais quelques-uns sont plus ou moins drogués. Un fumeur invétéré peut négliger les travaux des champs et rendre plus pénible encore la vie de sa femme et de ses enfants. Certains d'entre eux toutefois arrivent à se comporter à peu près normalement au sein de la communauté.

Chez les Akha, ce sont surtout les hommes qui fument l'opium, mais parfois, une vieille femme, malade ou malheureuse, vient rejoindre leurs rangs. En général, les femmes sont farouchement opposées à la drogue, qui ruine l'économie domestique. J'ai remarqué que les fumeurs sont souvent parmi les membres les plus intelligents de la communauté — ceux qui ont le plus de raisons d'être dépressifs, parce qu'ils ont conscience des problèmes angoissants qui se posent à leur peuple. Paradoxalement, les habitants des villages producteurs d'opium sont moins enclins que les autres Akha à en faire usage, sans doute parce que leur relative prospérité leur permet d'envisager l'avenir avec plus de dynamisme.

L'importance de l'opium en tant que facteur d'évasion, j'eus l'occasion de la constater quelques jours plus tard, alors que nous faisions halte chez le *buseh* d'un village frontalier, la veille du mariage de son frère. A l'arrivée de celui-ci, avec sa fiancée amenée d'un village voisin, il devait y avoir une grande fête chez ce *buseh*, et toute la maisonnée bourdonnait d'agitation en se préparant aux trois jours de cérémonies. Seule la fille aînée, une jeune femme sculpturale, qui portait l'une des plus extraordinaires coiffures que j'aie jamais vues, se désolait dans un coin. Je sus bientôt pourquoi. Selon la tradition, si son oncle célébrait ses noces chez son père, personne d'autre de la maison ne pourrait se marier jusqu'à la fin de l'année. Mais elle avait déjà 25 ans, l'âge d'une vieille fille chez les Akha, la plupart des filles se mariant vers 20 ans. A la demande de son père, elle avait déjà plusieurs fois différé son propre mariage ; chaque fois, il y avait eu un empêchement de ce genre, mais j'eus l'impression que son père ne voulait tout simplement pas qu'elle le quitte. Cette fois, elle avait résolu de ne pas lui céder. Le soir même, littéralement à la onzième heure, elle s'enfuit avec son futur mari.

La véritable fugue amoureuse — non l'enlèvement simulé, qui fait partie du rituel prénuptial akha — se produit assez fréquemment, surtout quand un mariage se trouve retardé par l'opposition des parents. Elle est source de grand embarras pour les familles concernées, mais, en général, les deux parties savent que la fugue sera suivie d'une cérémonie en bonne forme qui apaisera tous les ressentiments. Dans ce cas, pourtant, le père abandonné se montra quasiment inconsolable. Non seulement sa fille préférée lui échappait, mais le mariage de son frère allait en être assombri, et il perdait la face aux yeux de tous les habitants du village.

Il découvrit la fugue vers minuit, quand sa fille ne revint pas de l'aire de danse. A sa première réaction d'incrédulité outragée succéda le désespoir. Les amis qui l'entouraient auprès de son feu réussirent finalement à le calmer, et il alla se coucher. Il nous avait invités à dormir dans la maison, cette nuit-là, car il faisait froid et humide dehors. Étendu dans mon sac de couchage, j'écoutais les ronflements du *buseh* et de ses deux fils.

Mais, au bout d'une ou deux heures, alors que le feu s'était éteint et qu'il faisait nuit noire, j'entendis le *buseh* se lever et chercher à tâtons quelque chose sur ses étagères. Des allumettes. Elles n'étaient pas à leur place, et il n'arrivait pas à les trouver dans l'obscurité. Il devenait de plus en plus nerveux et jurait tout bas en ouvrant des boîtes les unes après les autres. De toute évidence, cet homme souffrait. Des braises du foyer, il finit par faire jaillir une flamme et y présenta un fragment de bambou avec lequel il alluma la mèche de sa lampe au saindoux.

A la faible lumière de la flamme jaune, je le vis étendu sur son matelas. Il avait pris un rouleau d'opium brut, de la grosseur de son petit doigt, et il en prélevait une petite boule pour la fumer. Il commença par fixer cette boule à l'extrémité d'une longue aiguille de métal et la fit tourner au-dessus de la flamme de la lampe, la roulant entre ses doigts de temps à autre, à mesure que la chaleur la ramollissait.

Couché sur le côté, appuyé sur un coude, tenant la pipe de biais contre la flamme, le *buseh,* sans ôter l'embout de ses lèvres, tira enfin des bouffées profondes et satisfaites. Sa pipe faisait un léger clapotis, comme lorsqu'on aspire les dernières gouttes d'une boisson avec une paille, et l'opium grésillait en brûlant. Avec son aiguille, le *buseh* poussa au fond du fourneau jusqu'à la dernière des précieuses particules d'opium. Il lui avait fallu sept à huit minutes pour préparer sa pipe ; il n'en mit pas plus d'une à la fumer. Son visage tourmenté s'était détendu. Il se prépara une autre pipe, et renouvela l'opération jusqu'à sept fois dans l'heure et demie qui suivit. Enfin, son angoisse calmée, il s'endormit.

Cet homme malheureux faisait partie de ces fumeurs « occasionnels », qui demeurent des membres responsables de la communauté. L'opium, par exemple, n'empêche pas certains *pimas* de se rappeler les dix mille vers qu'ils ont appris ; il les aide même à surmonter l'épuisement entraîné par des heures de psalmodies. Mais, s'ils sont intoxiqués, leur sens de la réalité se détériore peu à peu et, avec le temps, ils deviennent incapables de rien entreprendre qui risque de les priver de leur indispensable pipe.

Les dirigeants akha reconnaissent le danger insidieux de l'opium et luttent contre son utilisation. Ils souhaiteraient que les autorités thaïlandaises interdisent aux trafiquants chinois d'entrer dans leurs villages et d'entretenir ce commerce. Le *buseh* d'un village proche de la frontière me dit qu'il avait fait tout son possible pour en proscrire la consommation parmi les habitants. « Il leur est formellement défendu d'y toucher, m'assura-t-il ; nous avions quatre drogués au village ; j'ai travaillé pendant quatre ans pour qu'ils se fassent désintoxiquer. Ils sont allés au centre de Chiang Mai, mais ils ont toujours rechuté. » Finalement, il leur donna de l'argent pour qu'ils quittent le village. « C'était le seul moyen de les empêcher de contaminer les jeunes. Nous avons payé tous leurs frais et les avons aidés à se bâtir de nouvelles maisons plus au sud. Mais leurs femmes viennent encore mendier du riz. »

Le dernier village que nous visitâmes au cours de cette randonnée dans la région frontalière comptait soixante-dix à quatre-vingts maisons réparties en trois groupes sous la crête d'une hauteur. Le *buseh* nous reçut avec une grande courtoisie, nous invita à demeurer et parut encore plus enchanté

Paysan inspectant son champ de pavots. Dès la chute des pétales, il doit inciser les capsules d'où exsude la résine noire de l'opium. Sa précieuse récolte l'expose aux attaques des bandits : il garde une carabine chargée en bordure de son champ (encadré).

quand nous proposâmes d'acheter un porc et des bouteilles d'alcool de riz pour, en retour de son aimable accueil, le recevoir à dîner le lendemain soir, lui et les principaux anciens.

Ce village, lui aussi, avait été fondé par des réfugiés du district de Loimi, en Birmanie. Je désirais entendre le récit de leur exode, mais je savais déjà qu'il ne fallait pas brusquer les choses. Au cours de ce dîner, la conversation tourna autour de maints sujets pendant des heures. Trois des quatre anciens avaient dépassé 70 ans et en étaient fiers. Dans nombre de villages akha, en effet, la pénurie a longtemps été telle qu'on trouve difficilement un quinquagénaire. Ils plaisantèrent sur les infirmités de leur âge. L'un d'eux boitait un peu, mais avait néanmoins résolu de vivre encore vingt ans — sans prétendre, bien sûr, devenir centenaire, l'idéal des Akha.

« Hélas, dit l'un des autres, il ne nous est pas donné de vivre cent ans. Jadis, les premiers Akha voulaient vivre très très longtemps. Alors, ils allèrent voir le Grand Ancêtre A-poe-mi-yeh, et ils lui demandèrent le droit de rester sur terre pendant cent ans. Mais ils ne reçurent pas de réponse. Ils revinrent donc une deuxième fois, avec la même prière. Toujours pas de réponse. Ils retournèrent donc une troisième fois et réclamèrent de nouveau le droit de vivre cent ans. Alors A-poe-mi-yeh leur dit : "Oh ! vous venez si souvent me déranger. Eh bien, je vous donne la vie, mais aussi la mort. En aucun cas, vous ne vivrez cent ans." A-poe-mi-yeh s'est fâché, c'est pourquoi nul d'entre nous n'atteint jamais cent ans. »

Cette histoire est typiquement akha. A-poe-mi-yeh apparaît comme une mère excédée qui gronde ses enfants, non comme un dieu de vengeance. Il n'y a pas d'enfer dans la mythologie akha. La vie de l'au-delà se situe dans un monde d'ancêtres, qui est à l'image d'un village de la montagne, à cette exception près que les morts n'y subissent plus l'oppression de leurs voisins, plus puissants dans le monde terrestre.

Les anciens du village avaient raison d'être fiers de leurs 70 ans. Ils avaient survécu aux désastres d'une série de guerres et de révolutions où, quels que fussent les belligérants, les Akha étaient toujours perdants. Ils se rappelaient le moindre détail de leur existence mais savaient à peine qui avait combattu qui et pourquoi. De la guerre qu'ils avaient pourtant subie pendant de si longues années, ils ne connaisaient que le bilan des pertes. Si, pour les Akha, la préservation de leur histoire et de leurs traditions est particulièrement vitale, c'est qu'elle constitue le seul moyen de maintenir leur identité à travers des siècles d'incessants harcèlements.

Ces vieillards se souvenaient de la Birmanie, avant la Deuxième Guerre mondiale, du temps où elle était une province de l'Empire des Indes et que les Britanniques les engageaient pour travailler sur les routes. Puis vint la guerre, et les Akha furent contraints de servir d'abord les envahisseurs japonais, puis l'armée fantôme thaïlandaise. « Ils tuaient nos animaux et mangeaient à nos dépens, et ils nous forçaient à porter leurs approvisionnements sur de longues distances — toujours sans solde. » Quand les Birmans se révoltèrent contre les occupants, des avions lâchèrent des bombes sur des villages proches de Keng-tung. Des avions thaïlandais ou japonais ? Ils ne le savaient pas. Plus tard, des troupes chinoises les harcelèrent. Des troupes communistes ou nationalistes ? Les anciens l'ignoraient aussi. « Nous nous trouvions toujours pris dans une guerre, dit l'un d'eux ; c'est pourquoi nous dûmes nous enfuir. Dans mon village, il y a 87 familles : toutes se sont échappées de Birmanie. Ici, nous n'avons pas tant de problèmes. Le gouvernement thaïlandais nous laisse vivre en paix dans la montagne et nous travaillons pour nous-mêmes. »

L'un des anciens ajouta que les gens de sa génération n'avaient jamais été plus heureux depuis le début de la Deuxième Guerre mondiale. Le village était prospère — la plupart des familles avaient un champ de pavots sur la crête — et rien d'immédiat ne semblait menacer leur sécurité. Le *buseh*, resté silencieux toute la soirée, prit alors la parole pour exprimer quelques appréhensions. C'était un homme réfléchi, d'une soixantaine d'années, qui parlait très lentement entre deux bouffées de sa pipe à monture d'argent. Chacun des membres de son entourage observa un profond silence pendant sa brève déclaration. « Quand nous étions jeunes, dit-il, nous ne portions que des vêtements akha, faits de toile akha. Les filles préféraient aller pieds nus plutôt que de se montrer avec des chaussures achetées dans une boutique. Les choses changent. A présent, elles veulent faire leurs achats en ville. Les enfants ne nous écoutent plus. Ils veulent les choses qu'il ne faut pas. Si cela continue, ils cesseront de conserver les traditions akha. »

Mais le tour que prit ensuite la conversation me donna à penser que les traditions akha n'allaient pas disparaître de si tôt. Le *buseh* me précisa bien qu'il n'était pas opposé par principe au changement. Le monde moderne, il le reconnaissait, offrait bien des choses dont pourraient bénéficier les Akha. En ce moment, par exemple, on projetait d'amener au village l'eau d'une source éloignée, au moyen de canalisations et d'aqueducs. La décision devait se prendre par consensus, au sein de l'assemblée du village. Ce nouvel approvisionnement, pensaient les anciens, épargnerait d'innombrables heures de travail aux femmes. Mais cela coûterait cher ; chacun aurait à payer une contribution spéciale. Ils en discutaient présentement avec tous les chefs de famille, dont beaucoup prétendaient qu'ils n'avaient pas les moyens de s'offrir ce luxe. Je suggérai, effrontément, qu'il serait également intéressant de demander leur opinion aux femmes, qui assuraient 90 pour cent du travail de portage.

Tout le monde trouva l'idée très drôle. Comme toutes les femmes du monde, les femmes akha participent aux décisions qui concernent leur famille, mais leur influence s'exerce discrètement et dans les coulisses, et jamais à découvert. Selon l'*Akhazang*, l'homme dirige et les femmes suivent. Il en a toujours été ainsi.

Le lendemain, ma proposition fit le tour du village, déchaînant les rires de chacun, y compris des femmes. Bien sûr, ils comprenaient mon point de vue ; bien sûr, les choses se passaient peut-être ainsi chez les étrangers. Mais ce n'était pas la voie tracée par les ancêtres.

Liphi veilla à ce que l'histoire fût relatée à chaque étape de notre voyage de retour jusqu'à Napeh et, en un rien de temps, je fus connu des Akha sous une identité nouvelle : celle de « l'homme-qui-proposa-que-les femmes-fussent-consultées-sur-la-question-de-l'eau ».

Les maîtres de l'affût et du piège

Il y a une génération, lorsque les forêts du Nord de la Thaïlande étaient plus étendues, les Akha affrontaient héroïquement à l'arc des animaux sauvages et féroces, tels l'ours et le tigre. De nos jours, la chasse est moins risquée, mais aussi moins fructueuse. Les forêts où les grandes proies trouvaient leur subsistance ont diminué, du fait de l'abattage anarchique pratiqué par les Thaïs en vue de se procurer du bois de charpente, et des brûlis sur lesquels les peuples de la montagne cultivent leur riz. En outre, nombre de chasseurs utilisent à présent des fusils à chargement par la bouche — fabriqué par des forgerons de village —, qui ont largement contribué à raréfier le gros gibier. A part leurs expéditions

Le chasseur vient d'abattre un bulbul, ou rossignol. Le tenant dans sa main, il effleure la blessure de la nuque avec la bouche du fusil, puis le corps avec

d'été contre les loups et les cerfs, les Akha chassent surtout les oiseaux et les petits rongeurs. Comme leurs moyens ne leur permettent guère de manger de la viande d'élevage plus d'une fois par semaine environ, ils apprécient, autant que l'adresse au tir, ces maigres compléments de régime.

Quand un chasseur, alerté par le moindre bruit ou le plus léger mouvement, a repéré sa proie, il vise et tire avec une précision étonnante, malgré son arme rudimentaire. Il passe ensuite les différentes parties de son fusil sur le corps de sa victime. A l'origine, ce geste devait sans doute apaiser l'esprit habitant la bête abattue ; mais, pour l'Akha d'aujourd'hui, ce rituel n'est plus qu'une formalité.

le canon et enfin la queue avec la crosse de l'arme. Dédié à l'âme de l'oiseau mort, cet acte propitiatoire fait partie des gestes immuables de la chasse.

Un jeune Akha, armé de son fusil à long canon, a entendu des cris d'oiseaux perchés sur un versant boisé abrupt (à gauche). La main sur la bouche, il imite leur appel. Puis (ci-dessous), il attend la réponse qui lui permettra de localiser la branche sur laquelle un des oiseaux s'est posé.

A pas de loup, le chasseur s'avance sur un tronc d'arbre tombé, près des feuilles géantes d'un bananier sauvage, afin de se rapprocher de sa proie (à gauche). Celle-ci n'est vraisemblablement qu'un petit oiseau dont la longueur ne dépasse pas 10 cm. Aussi faut-il être vif et silencieux.

Dans l'espoir de se ménager une meilleure visée sur sa cible, le chasseur escalade pieds nus les grosses lianes qui s'enroulent autour d'un tronc d'arbre. Il porte sur le dos son équipement : fusil, machette et carnier.

Une bouffée de fumée dérive à travers les branches, au moment où le chasseur, du haut de son perchoir dans un grand arbre, tire sur l'oiseau. Comme son fusil n'a pas de hausse, il le tient à bout de bras et vise le long du canon. En une demi-heure de guet sur cet observatoire, il a tué deux oiseaux.

Devenu cuisinier, le chasseur façonne une assiette avec une tige de bananier, tandis que les oiseaux, déjà rôtis, sont tenus au chaud au-dessus des braises, dans des baguettes fendues. Voilà qui va enrichir son repas de riz, de piments et d'oignons, qu'il a emporté dans des feuilles de bananier. Le tas de bûches a été précédemment empilé sur place, lors d'une corvée de bois.

Cinq | Héritiers d'une tradition épique

Près de Napeh, de l'autre côté du vallon, tout un versant flambait. Au-delà, on ne voyait plus les montagnes, cachées par l'épaisse fumée blanche qui montait des broussailles et des touffes d'imperata crépitantes. Au ras du sol, une mince ligne de flammes rouges progressait, laissant derrière elle la terre nue et noircie. Des hommes et de jeunes garçons, placés contre le vent à la lisière du brûlis, surveillaient l'avance lente du feu. Ils semblaient maîtres de la situation et chantaient un chant traditionnel, adjurant le vent de souffler du bon côté et les flammes de consumer les buissons et non le village. Jadis, les Akha allumaient ces feux avec un peu de saindoux et de cire d'abeille, et la chanson demande aux plantes de « s'enflammer comme saindoux et de fondre comme cire ».

Malgré cela, il arrive que le feu s'emballe et que le vent désobéisse ; des gens ont même été brûlés vifs, pris de vitesse par les flammes. Ce malheur est peu fréquent, mais les risques sont aujourd'hui plus nombreux que jadis : en effet, à cause de la raréfaction des terres, les champs ne sont plus préparés au cœur d'épaisses forêts où les grands arbres mettent du temps à brûler, mais sur des terrains couverts d'imperata et de bambou, deux plantes sèches très inflammables par temps chaud. Toutefois, comme les villageois choisissent leur jour avec la sagesse d'une longue expérience — ils se réfèrent pour cela aux prescriptions rituelles de l'*Akhazang* —, le vent et le feu, en général, coopèrent, et le processus de l'essartage se déroule sans accident.

Le dernier feu éteint, chacun pousse un soupir de soulagement. Mais il y a encore bien des mois de dur labeur en perspective, car la grande période d'activité agricole, en montagne, se situe entre mars et novembre, pendant la saison des pluies. En janvier, les arbres et les broussailles déjà abattus dans le terrain choisi pour la mise en culture sèchent sur place. Vers la fin mars, on y met le feu. Les débris sont ensuite ratissés, et tout ce qui reste est de nouveau brûlé. Le sol doit être cultivé à la main, car la pente, en général, ne permet pas la traction animale, et, de toute façon, la plupart des familles akha n'ont pas les moyens d'acheter des buffles pour labourer les champs moins déclives. Les semailles du printemps, les sarclages de l'été et la moisson de l'automne

exigent des Akha d'immenses efforts, qu'ils ne ménagent pas, car le riz — de loin leur principale récolte — est la base de leur survie.

On ne saurait trop souligner l'importance du riz dans la culture akha. Son symbolisme, qui transcende sa valeur pratique, vient de ce qu'une réserve bien remplie est synonyme d'indépendance économique vis-à-vis du monde de la plaine. Les cérémonies qui s'y rapportent, au cours de l'année, sont donc très marquantes. Elles ont trait aux influences que le paysan doit affronter : celles du sol et des saisons — en particulier, le retour régulier des pluies — et celles de diverses difficultés politiques ou économiques. Elles ont pour but de maintenir l'harmonie entre le peuple, la terre et les rythmes de l'univers, et garantissent que tout est fait de la façon et au moment voulus, selon l'enseignement des ancêtres.

Les leçons des ancêtres sont contenues dans les textes mémorisés par le *pima* et le *dzoema,* et dans les chants traditionnels. La psalmodie de ces poèmes marque non seulement les stades de la culture du riz, mais tous les événements importants de la communauté : il s'agit moins de prières adressées aux forces de la nature que de descriptions, à la fois pratiques et symboliques, de ce qu'il convient de faire pour que tout aille bien.

Guidés dans le déroulement de leur vie par cette poésie à la fois éloquente et pédagogique, les Akha puisent une sérénité enviable dans la certitude que ce que faisaient les ancêtres était bien fait. Rien n'a échappé aux poètes des anciens temps : ni les drames de la naissance, de la maladie et de la mort, ni les grandes célébrations de l'année, ni la meilleure façon de biner, de sarcler ou d'épouvanter les oiseaux qui détruisent les cultures.

Après l'essartage, chaque famille construit, au milieu de sa terre, une cabane en bambou et en chaume pour se reposer dans la journée ou même dormir la nuit en période d'intense travail. Du côté opposé à l'entrée, on bâtit aussi une hutte miniature pour la Dame du Riz — la force vitale du grain. Cette hutte sera démolie après la moisson.

Les femmes travaillent aux champs comme les hommes ; si c'est une terre vierge, ils la retournent et brisent les mottes à la pioche; puis ils ratissent et brûlent en tas les débris végétaux. Commence alors le temps des semailles. Le soir, chaque famille fait une offrande à ses ancêtres, et le *dzoema* annonce que le lendemain sera jour d'abstinence. Le matin suivant, le *dzoema* et les anciens se rendent à la source, dans la ceinture forestière; ils purifient symboliquement l'eau et lavent la semence de riz qui servira, un peu plus tard, à une première plantation rituelle. Ils tuent ensuite une poule et un coq, et « lisent », d'après l'état des os et des gésiers, si les augures sont favorables à la moisson future et à l'année de chasse.

Le lendemain, chaque foyer peut procéder à sa propre cérémonie de première plantation, qui incombe à la « femme à jupe blanche » de la famille ou, à défaut, au chef de la maisonnée. Aux champs, ce sont les hommes qui creusent des trous avec leur plantoir, et les femmes qui laissent tomber la semence. Les semailles terminées, tout le village observe un jour de repos: personne ne va aux champs, ni à la chasse, ni même ramasser du bois; maris et femmes n'ont pas le droit de s'unir; mais rien n'empêche les amoureux de s'égarer dans la forêt voisine.

En juin ou juillet, quand le riz commence à pousser, on offre une poule à la petite hutte de la Dame du Riz. S'il y a une femme à jupe blanche dans la famille, elle doit, en plus, offrir un porc. Une petite part de chaque animal est dédiée au riz naissant, et la famille consomme le reste. Il convient de s'occuper du champ avec soin et respect, sinon la récolte dépérira. Il est interdit aux couples de s'unir dans un champ où pousse le riz.

Pendant cette période de croissance, il faut sarcler deux ou trois fois, jusqu'à ce que les plants soient assez forts pour étouffer les mauvaises herbes. C'est un travail dur et fastidieux, qui se fait avec une petite houe à lame étroite, et auquel toute la famille participe. Le propriétaire regarde sa terre avec satisfaction quand toutes les herbes gisent en bordure et que le grain commence à mûrir. « Quand souffle le vent, on dirait que le riz est en marche », dit un poème du *pima*. Les enfants vont parfois, avec des claquoirs semblables à des castagnettes, effrayer les nuées de moineaux et de perruches qui s'abattent sur les épis mûrissants, mais souvent cela ne suffit pas — et les coups de fusil, pas davantage — à arrêter les déprédations. Le meilleur épouvantail, m'a-t-on dit, est un faucon mort suspendu par les pattes. Pour combattre les sangliers qui, bien que moins nombreux qu'autrefois, viennent encore ravager les champs, les villageois, en bandes de dix ou vingt hommes, organisent des expéditions de temps à autre avant la récolte. Si la chasse a été bonne, ils reviennent le soir en cortège, au son des tambours de bambou et des chants de victoire.

Novembre ramène le temps de la moisson, de la mise en gerbes, du battage et du vannage — chaque activité étant précédée d'une cérémonie appropriée. En prélude à la moisson véritable, on procède à une petite récolte symbolique, solennelle et chargée d'émotion. Le chef de famille, ou la femme à jupe blanche, rapporte au foyer trois épis de riz, qui sont déposés dans l'urne de bambou des ancêtres, laquelle occupe, avec le panier des ancêtres, une place invariable dans la pièce des femmes. On rapporte aussi un peu de riz en grains, qui est cuit et consommé lors d'un repas spécial que

Debout sur une natte, un paysan vanne un tas de riz déjà battu. D'un mouvement harmonieux et lié, il soulève le riz d'un coup de pied et abat son van de bambou pour le frapper au vol. Le riz retombe, et la balle poussée par le vent s'accumule sur la natte.

les ancêtres sont cérémoniellement invités à partager. La moisson peut alors commencer. De la même façon, trois tiges de riz sont symboliquement foulées aux pieds avant le début du vrai battage.

Les fléaux dont se servent les Akha pourraient avoir été signés par Brancusi : ce sont des branches de bois dur, un peu renflées à une extrémité, fort bien en main et magnifiquement polies par l'usage. Les hommes abattent le fléau dans les tiges de riz, tout en le faisant, du poignet, légèrement sautiller — et cela, des milliers et des milliers de fois. De temps à autre, ils encouragent le riz à donner un bon rendement en criant : « *Jeu, jeu !* » (augmente, augmente !). Vient ensuite la longue corvée du transport du riz au village — à dos de cheval pour les plus riches, dans des sacs ou des hottes pour les autres. Les chansons akha évoquent ce travail :

Si tu es fort, remplis dix paniers ;
Va et reviens aux champs dix fois le jour,
Avec un plein panier sur ton dos,
Portant ton benjamin par-devant,
Et sur ton dos, ton grand panier qui pointe vers le ciel.

Le riz est transporté dans l'appentis de chaque famille. Afin de le protéger, on construit à côté, sur pilotis, une nouvelle petite hutte pour la Dame du Riz. Trois tiges de riz provenant de la première plantation symbolique y sont déposées en cérémonie ; elles serviront à leur tour à la première plantation de l'année suivante. Les familles commencent alors à fabriquer le nouvel alcool de riz, qu'elles partagent avec leurs ancêtres.

Environ un mois plus tard, au moment de la pleine lune du douzième mois, l'année akha s'achève. Le Nouvel An est l'une des neuf grandes fêtes de l'année où les familles invitent leurs ancêtres à recevoir leurs offrandes, au cours de célébrations qui symbolisent la continuité entre le passé, le présent et l'avenir — notion essentielle dans la pensée akha.

Cette fête de quatre jours, étape dans la durée, est aussi un temps de résolutions et de renouveau ; chacun, au village, est considéré plus âgé d'un an, quelle que soit sa date de naissance. Comme dans toute la Thaïlande, le calendrier en usage ici est une variante du calendrier chinois, avec des semaines de douze jours, qui portent chacun un nom d'animal : mouton, singe, poulet, chien, cochon, rat, buffle, tigre, etc. Les célébrations du Nouvel An doivent commencer un jour du buffle et au moins douze jours après un décès survenu au village. Les années, désignées par les mêmes noms, se succèdent dans le même ordre en cycles répétés. Les fêtes auxquelles je pus assister eurent lieu vers notre mi-décembre ; c'était la fin de l'année du singe et le début de l'année du poulet.

Pendant cette période, on danse, on boit, on mange, on remet les coiffures à neuf, on endosse de nouveaux vêtements, et c'est l'un des deux moments de l'année où les filles peuvent apporter des modifications à leur costume à mesure qu'elles grandissent. Les trois derniers jours de la fête sont en outre, selon l'*Akhazang*, les seuls de l'année où les petits Akha sont autorisés à jouer à la toupie ; ensuite, ils doivent jeter leur jouet. Et, en effet, la force de la tradition akha, qui veut que chaque chose se fasse « au moment prescrit », est

Une femme ajoute une tomate fraîchement cueillie sur un plateau chargé des produits de ses champs : aubergines mauves et vertes, racines de gingembre et roselle, une variété comestible d'hibiscus. Elle emportera chez elle les fleurs et une partie des légumes qu'elle fera cuire et gardera le reste pour le déjeuner aux champs de sa famille. A gauche, une salière en bambou noirci.

telle qu'aucun enfant ne semble même songer à jouer à ce jeu pourtant attractif pendant le reste de l'année.

C'est un jeu très animé et même un peu agressif. Un garçon lance sa toupie aussi loin et aussi vite que le lui permet son fouet; puis son adversaire lance la sienne, en s'efforçant de culbuter la première. J'ai demandé au *pima* pourquoi on ne pouvait pratiquer ce passe-temps anodin que trois jours par an. Il invoqua l'autorité de la foi: «Les ancêtres en ont décidé ainsi.»

«N'ont-elles jamais été utilisées à un autre moment?», demandai-je.

«En fait, me répondit-il, la toupie a parfois une autre fonction symbolique. Une femme stérile peut demander au *pima* de procéder à une cérémonie en sa faveur, et le *pima* sculpte une toupie miniature, qu'elle porte dès lors en ornement sur sa coiffure.»

Je m'attendais que le début des festivités crée une certaine animation dans le village. Mais le premier jour fut très paisible à Napeh: c'était le jour des offrandes aux ancêtres, et les rites se déroulaient en famille, dans le secret des foyers. Je fus donc reconnaissant au *buseh* Abaw Baw Soe de m'inviter à passer cette période chez lui et à participer à l'une des cérémonies akha les plus intimes et les plus solennelles.

Tout d'abord, la mère d'Abaw Baw Soe, une femme à jupe blanche de quelque soixante-dix ans, capable et encore belle, prépara les galettes de riz traditionnelles. Elle prit du riz glutineux spécial, déjà cuit à la vapeur, et se mit à l'écraser avec un lourd pilon, dans un mortier placé près de la plate-forme, du côté des hommes. Au bout de dix minutes, le *buseh* la relaya et termina la tâche. La préparation du riz incombe en général aux femmes, mais le pilage de ce riz collant est si pénible que les hommes de la famille y prêtent souvent la main.

Quand le riz eut atteint la consistance d'une pâte à pizza, la vieille dame le façonna en galettes, qu'elle déposa dans un panier de bambou, à l'abri des animaux — et des enfants. Ensuite, elle égorgea un poulet devant le panier des ancêtres, placé selon la coutume contre le mur du fond de la pièce des femmes. Ce panier contenait un ou deux objets ayant appartenu aux défunts membres de la famille et des ustensiles miniatures — un fouet culinaire, une louche en bois — utilisés pour servir la nourriture aux ancêtres. Les Akha y rangent souvent aussi leurs biens précieux, leurs bijoux d'argent par exemple, persuadés que nul n'oserait encourir le courroux des ancêtres en les volant à cet endroit. A une poutre au-dessus de ce panier était suspendue l'urne de bambou des ancêtres, où l'on dépose chaque année, depuis des générations, les trois tiges de riz symboliques.

Peu après, une âcre fumée emplit la maison: la vieille dame flambait le poulet déjà plumé, au-dessus du foyer des femmes; elle donna ensuite la volaille à son fils, qui la flamba encore quelques instants, puis la découpa en menus morceaux sur une planche. Il y passa une dizaine de minutes, réservant un peu de blanc, le foie et un pilon, morceaux de choix, pour les ancêtres. On fit cuire les morceaux dans une marmite, avec du riz, du sel, des tranches de racine de gingembre et un peu d'eau.

Quand le plat fut prêt, la mère du *buseh* s'assit sur un tabouret bas, devant une table cannée, et remplit cinq bols de porcelaine. Dans le premier, elle mit

Sous le regard curieux d'enfants perchés sur la plate-forme, un Akha manie un énorme pilon pour réduire en pâte collante du riz glutineux cuit à la vapeur, destiné à être présenté aux ancêtres lors des cérémonies du Nouvel An. Cette variété particulière de riz est réservée aux offrandes rituelles.

un peu de poulet et de riz ; dans le deuxième, un mélange de gingembre et de thé ; dans le troisième, un alcool de riz spécial ; dans le quatrième, du riz cuit dans de l'eau spécialement puisée à la source pour cette offrande ; dans le cinquième, des galettes de riz glutineux préalablement pilé, salées et roulées dans des graines de sésame grillées.

La vieille dame plaça la table devant le panier des ancêtres et lui présenta les bols. Elle se retourna et attendit en silence, une ou deux minutes, l'acceptation de son offrande. Puis elle goûta elle-même un peu de tout et distribua de petites portions des cinq bols aux membres de la famille présents. Ensuite, vint mon tour, et j'eus conscience de l'honneur insigne qui en cette occasion m'était fait.

C'était le début de l'après-midi, mais il faisait très sombre dans la pièce des femmes. La lumière ne filtrait que par les ouvertures des pignons et les interstices des murs de bambou, et, sans la lueur vacillante de la lampe à huile, je n'aurais rien distingué. Derrière nous, deux petits enfants étaient assis dans l'ombre, et un bébé jouait sur une natte. L'une des filles du *buseh* allait et venait, mais son fils était allé rendre une visite dans un autre village. Du moment que les personnes présentes à la maison, me dit-on, participent à la cérémonie, il n'est pas indispensable que tous les membres de la famille soient réunis et y assistent.

Quand nous eûmes consommé les galettes de riz, qui étaient délicieuses, la vieille dame se leva et, sur un petit gong chinois, frappa six coups, puis six autres, et encore six coups. La cérémonie, qui avait duré moins d'une heure, était terminée. Les jours suivants, on fabriqua des toupies et on les fit tourner, on tua le cochon et on le mangea, on joua sans arrêt du tambour. Le soir, tous les gens du village et leurs nombreux invités se réunissaient sur l'aire de danse, où les garçons et les filles se divertissaient dans leurs plus beaux atours, sous le regard des aînés.

Le troisième jour se déroula une observance passablement mouvementée, une sorte de jeu de la vérité générale. Ce jour-là se règlent toutes les dettes, et les chefs de famille, porteurs chacun d'une bouteille d'alcool de riz, se réunissent chez le *buseh* afin de liquider les comptes et les différends de l'année écoulée, en se libérant de leurs inhibitions par de fréquents recours au flacon. C'est là, comme me l'expliqua le Dr von Geusau, « une extraordinaire thérapie ». Sur un ton mi-sérieux, mi-plaisant, les hommes (les femmes boivent rarement) se disent tout ce qu'ils ont sur le cœur depuis des mois, et cela sans aucune retenue.

Le reste de la journée est un peu flou dans ma mémoire, car je fus bientôt gagné par l'euphorie générale, mais je garde quelques images de la soirée, à laquelle assistèrent les jeunes filles qui avaient renouvelé leurs coiffures, parées de leurs perles et de leurs plumes les plus magnifiques. Malgré ma semi-inconscience, je fus de nouveau frappé par leur beauté.

Tout au long de l'année se succèdent des fêtes qui, dans la pensée akha, ont pour but, comme celles du Nouvel An, de lier les activités humaines aux cycles cosmiques et de maintenir cette harmonie. Les portes gardiennes sont renouvelées en avril, au début de la saison des pluies, à l'époque où les

En bordure du village s'élève cet échafaudage constitué de quatre jeunes arbres, refait chaque année et utilisé lors d'une fête de la mi-été. Entre autres

célébrations, les villageois s'y balancent tour à tour au bout d'une liane qui pend du sommet. Elle restera inutilisée pendant tout le reste de l'année.

esprits hostiles — qui vécurent jadis dans le monde des humains, avant de se retirer dans leur propre région — présentent un danger particulier. Comme ils adorent la pluie, ils risquent alors de revenir et de semer des maladies : les portes gardiennes constituent une défense contre ces intrus. Ces forces maléfiques sont de nouveau expulsées en septembre, avant la récolte, par une cérémonie au cours de laquelle les garçons, brandissant des armes en bois peint, se précipitent à grand fracas de maison en maison. Le soir, ils plantent leurs armes factices dans le chemin qui sort du village et tirent des salves de leurs vrais fusils.

A l'époque de la plus forte végétation — généralement vers la fin août — a lieu l'une des plus joyeuses fêtes de l'année, la cérémonie de la Balançoire. Le premier jour, il y a des repas pour les ancêtres et pour les vivants. Le second, on dresse près de l'aire de danse une pyramide sommaire faite de quatre perches entrecroisées, du haut de laquelle pend une solide liane. C'est la fête de la bonne santé et, pour les villageois, la balançoire est l'expression kinesthésique de leur joie de vivre. Une fois que le *dzoema* a inauguré les réjouissances en se laissant soulever dans les airs, tout le monde — mais surtout les femmes — peut suivre son exemple, pour manifester son bonheur. C'est le second moment de l'année où les filles du village ont la possibilité de modifier leur costume.

Une femme, qui porte la jupe blanche des initiées, se prépare à sacrifier un poulet (ci-dessus), pour assurer une abondante récolte. Neuf plumes et du riz de la précédente récolte sont placés dans le sanctuaire de la Dame du Riz. En fin de cérémonie, la femme les retire (à droite) et conserve chez elle les grains de riz en vue de la première plantation rituelle de l'année suivante.

J'ai souvent constaté que cette perpétuelle recherche d'harmonie avec les forces invisibles n'est pas une abstraction pour les Akha ; elle se prolonge sur le plan de la réalité pratique. Une mauvaise récolte, par exemple, peut résulter d'une dysharmonie aux conséquences désastreuses; il en va de même de la maladie, causée par des perturbations de l'ordre cosmique ou par un « égarement » de la force vitale du patient; une épidémie peut être due à des esprits hostiles, et des élancements soudains, à un mauvais sort jeté par quelque malveillant. La plupart des cérémonies de guérison accomplies par le *pima* ou par le chaman visent à chercher où l'âme du malade a pu s'égarer ; si le *pima* ne trouve pas la cause du mal, on fait appel à un chaman qui, par le rêve ou la transe, établit un diagnostic permettant au *pima* de procéder à la cérémonie de purification appropriée.

Mais les Akha ne recourent pas toujours à ces moyens. Ils possèdent un étonnant arsenal de remèdes. Ils traitent les blessures et les fièvres par des plantes de la forêt; les fractures et les foulures, par des massages et des manipulations pratiqués fort habilement. La plupart des femmes savent, de par l'éducation traditionnelle qu'elles ont reçue de leurs mère et grands-mères, quelles sont les vertus d'une bonne trentaine d'herbes, de racines et d'écorces; nombre de villages comptent d'ailleurs des spécialistes en ces matières. Le forgeron de Napeh, par exemple, jouissait d'une telle réputation qu'on venait souvent le consulter d'autres villages.

Au cours de notre randonnée dans le Nord, Liphi et moi avions rencontré un voyageur renommé pour ses connaissances en médecine naturelle. Chaque fois qu'il entrait dans un village, les gens l'assaillaient de demandes de conseils pour leurs affections diverses. Il avait toujours sur lui un petit stock de plantes curatives, qu'il distribuait en échange d'un peu d'opium.

Nous fîmes un moment route ensemble, et il m'emmena herboriser dans les broussailles, récoltant des feuilles et arrachant des plantes ici et là.

La forêt m'apparut comme une pharmacie fort bien approvisionnée. « Prenez cette racine, faites-la bouillir, buvez la tisane, et votre toux se calmera », dit-il en me montrant une sorte de laiteron. En décoction, les racines et les tiges d'un poivrier sauvage étaient bonnes pour les maux d'estomac, et, appliquées en poudre, activaient la cicatrisation des plaies. Les feuilles d'une variété de lobélia, en cataplasme, guérissaient les furoncles. Une espèce de pissenlit réduisait les enflures, et l'écorce odorante du *boeni* servait à désodoriser les cercueils. « Nous pilons cette écorce en poudre, nous la mêlons à l'eau et nous en faisons une peinture, avec laquelle nous traitons le bois des cercueils ».

La forêt recélait bien d'autres remèdes — pour les maladies de la circulation et de la peau, pour les blessures, les parasites, les troubles mentaux. Ce médecin herboriste avait amassé son savoir auprès d'un bon nombre de gens versés en la matière, parfois chez d'autres peuples. Avant de me quitter, il me fit cadeau d'un morceau d'écorce de cannelier, dont la face interne a un goût piquant et aromatique aux propriétés stimulantes : elle me fut précieuse pendant le voyage. Les Akha en mâchent sur la piste et en font une infusion qui soulage coliques et maux d'estomac.

J'avais déjà été le témoin, à Napeh, d'une thérapeutique curieuse appliquée à un cas qui n'était pas seulement physiologique. Une femme se plaignait de douleurs soudaines et redoutait qu'elles ne fussent causées par un homme qui venait de l'accuser d'un vol d'argent. Elle demanda au chaman puis au *pima* de découvrir si telle était l'origine des symptômes. Le *pima* procéda à une divination avec des grains de riz fournis par la famille de la femme et déclara que sa maladie était bien l'effet d'un sort qu'on lui avait jeté selon un procédé en usage aussi bien chez les gens des plaines que chez ceux de la montagne : on psalmodie des formules au-dessus d'une coupe contenant des morceaux de métal, afin qu'ils s'envolent et entrent dans le corps de la victime. Sa maladie était donc bien causée par la « pénétration » des pièces métalliques, et le *pima* résolut d'accomplir un rituel pour conjurer ce sort. J'appris plus tard que les soupçons de l'homme volé passaient généralement pour justifiés, mais qu'en l'absence de preuves il avait engagé un devin non akha pour obliger la femme — sans succès, comme il s'avéra — à avouer et à rendre l'argent.

Le *pima* Asoh fixa la cérémonie au lendemain. Elle commença le matin, chez la femme, et se déroula ensuite en dehors du village. Avant de partir en forêt, le *pima* et son acolyte préparèrent les objets nécessaires au rituel. Dans un récipient en fer blanc, ils découpèrent des images de houe et de machette, qu'ils placèrent sur un plateau de vannerie couvert d'un morceau de feuille de bananier. Ils coupèrent ensuite neuf petits morceaux d'une certaine liane et les mirent dans une coupe, avec neuf fragments de fer, neuf cauris et un billet de dix baht, et ils enveloppèrent soigneusement la coupe d'un linge plié neuf fois.

Avec de l'argile qu'il avait apportée, l'assistant modela des figurines d'homme, de cheval et de buffle, ainsi qu'un grossier coquetier. L'homme représentait le jeteur de sort ; on lui donnerait le cheval pour qu'il s'éloigne et le buffle en présent pour l'amadouer. A ces représentations s'ajoute un emblème étoilé en bambou fendu, connu de tous les peuples de la montagne comme une interdiction formelle d'approcher de l'endroit tant qu'une cérémonie est en cours.

Nous partîmes alors pour la forêt avec tout ce matériel, le *pima* portant un poulet tenu par les pattes. Les rites ne pouvaient se dérouler au village, m'expliqua-t-il, car le sort, au lieu d'être conjuré pour de bon, pourrait ricocher et affecter quelqu'un d'autre. Ayant trouvé l'endroit propice — une pente assez raide couverte de broussailles —, il s'accroupit et se mit à réciter de longues incantations d'une voix monotone qui montait et baissait avec une régularité liturgique. Il continua ainsi pendant quarante minutes à bourdonner, marmonner et chanter, puis sa voix faiblit. Le poulet, que le *pima* tenait toujours pendu la tête en bas, battit soudain des ailes et s'agita. Le moment propice était venu.

Les incantations avaient cessé. L'acolyte prit le poulet, dont le *pima* tenait le cou tendu, et lui coupa la gorge — mais pas complètement. On le laissa saigner une minute, puis on le relâcha. L'oiseau fit quelque pas en voletant sur la pente, eut un spasme, et ne bougea plus. Le *pima* se leva pour examiner sa position ultime : la tête n'était pas tournée vers lui ni vers la patiente — qui attendait au village —, et c'était là un fort bon signe. Il entonna un chant final, entrecoupé de quelques cris terrifiants, puis il termina la cérémonie en raclant un peu de métal sur une pièce de cinq baht, pratique remontant à l'époque où ces pièces étaient en argent et non en vil alliage. Nous revînmes sur nos pas, confiants d'avoir fait tout ce qui était possible pour la malade. Et, en effet, les douleurs la quittèrent au bout de quelques jours, mais je n'ai jamais su si l'argent avait été rendu à son légitime propriétaire.

Les rites du *pima* ne sont pas les seuls qui puissent traiter la maladie. Si le diagnostic échappe au *pima*, le malade peut consulter un *nyipa*, ou chaman,

D'un coup de fouet, un garçon envoie sa toupie tourbillonner, lors d'un concours qui n'a lieu qu'au Nouvel An. On sculpte ces jouets spécialement pour les célébrations, et l'on n'y joue que le quatrième jour de la fête. Ensuite, on doit les jeter.

qui recourt lui aussi aux textes traditionnels. Mais le chaman (en Birmanie, la plupart sont des femmes) les utilise pour parvenir, en psalmodiant, à un état de transe qui lui permet de voyager dans le monde d'en-haut ; il en revient avec des renseignements sur l'origine de la maladie, de sorte que le *pima*, à la demande de la famille, peut procéder à la cérémonie appropriée. Accédant, grâce à ses psalmodies, au monde des esprits, il ira à la recherche de la force vitale égarée et la réintégrera dans le malade.

Peu après le Nouvel An, je me rendis dans un village voisin de Napeh, pour voir un chaman traiter une femme qui désirait en vain avoir des fils. Elle était venue, dans ce but, d'un lointain village du Nord. Quand nous arrivâmes, le soleil était déjà couché, et le chaman avait commencé une séance qui devait se prolonger tard dans la nuit. Il psalmodiait un très ancien chant du voyage, qui allait peu à peu l'emporter lui aussi jusqu'au village des ancêtres. Dans sa pensée, et dans celle de l'assistance, il se voyait lancé à travers l'espace-temps sur un cheval ailé. Arrivé à destination, il intercéderait auprès des forces qui régissent l'enfantement. Comme à part soi, d'une voix basse et mélodieuse, il chantonnait les étapes de sa vision.

Le chaman s'était installé dans la pièce des femmes. Dans l'autre partie de la maison, trois hommes, allongés sur des nattes, les jambes relevées appuyées contre la cloison, fumaient de l'opium. Dehors régnait un brillant clair de lune, mais aucune lueur n'en filtrait à l'intérieur, uniquement éclairé par les deux petits feux qui brûlaient dans les foyers et par une unique lampe à huile. Le chaman — un homme mûr — se tenait voûté sur un tabouret bas, le dos tourné aux assistants. Il faisait si sombre dans la pièce où nous nous trouvions que je distinguais à peine ce qu'il faisait.

Devant lui se trouvait un panier à riz contenant des offrandes pour son voyage : un œuf dur, de l'argent et du tabac, enveloppés dans une feuille de bananier attachée avec une ficelle confectionnée par la consultante. Il y avait aussi une bouteille d'alcool de riz, mais il n'y toucha pas pendant la séance. Dans chaque main, il tenait un éventail en bambou et papier d'écorce, l'un blanc, l'autre rouge, avec lesquels, de temps à autre, il faisait des gestes et des passes à travers l'air de la pièce.

Tout en psalmodiant, il tambourinait incessamment de son pied droit sur le sol, imitant le bruit des sabots d'un cheval, qu'amplifiait la vibration du plancher de bambou. Pour mimer sa chevauchée au pays des ancêtres, il agitait un peu les épaules comme un cavalier et remuait son séant sur le tabouret au rythme du martèlement des sabots.

L'assistance se composait principalement de femmes mariées, avec, çà et là, quelques jeunes filles, un ou deux jeunes hommes et un assortiment d'enfants en bas âge, les uns encore sur le dos de leur mère, les autres blottis contre un sac ou un panier. Les femmes bavardaient, riaient, encourageaient le chaman, qui semblait ne rien voir ni entendre. La consultante, avec les flammes dansant à ses pieds et jouant en reflets sur sa coiffure d'argent, évoquait une impassible sculpture olmèque taillée dans le granit. On ne pouvait dire si elle était heureuse ou ennuyée de ces psalmodies interminables et du brouhaha continuel qui se faisait derrière elle.

Le chaman avait un chant bien à lui, très différent des incantations du

Dans ce cercueil incurvé en bois, attaché à une perche de bambou, le corps d'un bébé victime d'une épidémie de rougeole est emporté vers sa sépulture, en forêt. Au village, l'enterrement d'un enfant est marqué par un jour d'abstinence et de repos. Chacun reste chez soi, sauf les hommes qui transportent le cercueil au cimetière.

pima, mais non moins répétitif du point de vue mélodique. Chaque strophe commençait par un vigoureux *hé-yoh!*, chanté *fortissimo* sur une tierce mineure descendante, puis le reste suivait sur un rythme syncopé accordé au martèlement des sabots. J'ai entendu dire plus tard que ce *hé-yoh!* donnait au chaman le temps de préparer le verset qui allait suivre. Il décrivait le chemin parcouru et les gens qu'il rencontrait; un moment, il fondit en larmes, s'étant trouvé en présence d'un cousin défunt qui avait été un *nyipa* d'une grande sagesse. A l'évidence, tous les assistants croyaient implicitement à ce voyage. Je crus comprendre qu'il était enfin arrivé à destination quand il se mit soudain debout et sauta en lançant son *hé-yoh!* Pendant un instant, il balaya les airs de ses éventails à grands gestes extravagants, puis il se rassit et reprit ses *hé-yoh!* comme précédemment. Je sortis pour prendre un peu l'air et j'entendais ses cris, pareils à des défis péremptoires aux esprits, se répercuter dans tout le village.

Au bout de cinq heures, le chaman s'arrêta de chanter. Il alla dans la pièce des hommes, emportant l'œuf dur placé dans son panier; il l'écala et dit à la consultante de le manger — ce qu'elle fit. Il dénoua la ficelle utilisée pour l'emballage des offrandes et l'attacha, en signe de bénédiction, au poignet de la femme. Celle-ci se leva, alla chercher une bouteille d'alcool de riz dans la pièce des femmes et en versa une coupe à chacun, tandis que le chaman racontait ce qu'il avait vu. Il assura la consultante qu'après son intercession auprès des forces de l'enfantement rencontrées dans le monde des esprits, elle donnerait probablement le jour à un fils.

Les cinq heures de psalmodie auxquelles j'avais assisté ne constituaient pas une performance extraordinaire pour un officiant akha. Certaines récitations poétiques durent dix heures d'affilée et se renouvellent pendant trois nuits consécutives. Et pourtant, les mots sont gravés dans la mémoire avec tant d'exactitude que deux *pimas* psalmodiant le même poème de dix mille vers chantent des textes quasi identiques. Les poèmes eux-mêmes, d'ailleurs, les rappellent constamment au devoir « de penser clairement et de ne pas faire d'erreurs dans les récitations ». Ils apprennent leur art durement, auprès d'un maître qui ne travaille qu'avec un petit groupe d'élèves. Le maître leur chante des textes, ligne par ligne, qu'ils doivent répéter et apprendre par cœur. Pour certaines cérémonies, il y a même des passages qui concernent les honoraires professionnels qu'ils sont censés recevoir : « de la viande pour payer le manque de sommeil du *pima* qui récite toute la nuit ; de la viande pour payer le travail que le *pima* n'a pu faire dans la journée... » C'est presque comme si un prêtre chantait le tarif du service funèbre en même temps que le *Requiem*. Je n'en aimais pas moins la fraîcheur candide des textes et du rituel akha.

Depuis des siècles, la continuité de la tradition akha dépend de ce fragile fil de mémoire qui relie une génération à l'autre et décrit la vie quotidienne de ce peuple dans toute sa couleur et sa passion. Lors des obsèques, le *pima* récite des milliers de vers qui relatent les joies et les peines de la femme akha, de sa naissance à sa mort. Selon certains propos qui m'ont été rapportés, l'existence d'une femme est prise pour modèle parce qu'on estime que rien d'important ne se passe dans celle d'un homme, du fait qu'il ne met pas d'enfants au monde. Ce qui est crucial en effet pour tous les Akha, c'est le lien de succession des générations, et ce lien est assuré uniquement par la mère.

Il se peut que les Akha aient été refoulés dans la forêt contre leur gré, mais ils ont su en tirer un profit certain. Aucun peuple, il me semble, n'a exprimé plus éloquemment ses rapports au monde — visible et invisible. Leurs textes sont pleins de réalisme poétique et d'images émouvantes. Il est difficile de rester insensible à leur évocation puissante des « seigneurs et des maîtres de la terre et des eaux », ou bien lorsqu'ils décrivent le printemps comme la saison où « les graines qui étaient mortes renaissent à la vie... où la pluie tombe en gouttes serrées comme le grain ». « Là où s'installent de bonnes gens, il leur naît des fils, dit le poème ; là où de bons animaux demeurent, la clôture se dresse vers le ciel. »

Impossible également d'oublier la part de chaque membre de la communauté dans la perpétuation de la tradition, qui n'est pas l'apanage exclusif des anciens, dotés d'un savoir spécial, comme le *dzoema* et le *pima*. Toutes les chansons que les villageois entonnent si volontiers font aussi partie du patrimoine commun, garant de leur identité. Ainsi chaque individu a-t-il le sentiment profond de son appartenance à la communauté.

Je garde le souvenir d'une journée, peu après mon arrivée à Napeh, où je pus constater la place importante que les chansons traditionnelles conservent dans la vie de tous les jours. Sous un soleil brûlant, accompagné de trois jeunes Akha, je traversais des champs où quatre ou cinq femmes coupaient des gerbes de chaume pour réparer les toits de leurs maisons. Les gestes des travailleuses suivaient la mesure de la chanson populaire que chantait l'une d'elles, superbement coiffée.

Les hommes, qui m'accompagnaient jusqu'à un village voisin, leur crièrent quelque chose et reprirent le chant au refrain. Puis, comme nous marchions en file indienne, l'homme de tête entonna une autre chanson, dans la même veine mélodique. Il lançait une phrase plaisante, que suivait une longue note tenue pendant plusieurs temps, puis montait d'une quarte, tandis que l'un de ses compagnons chantait, avec une voix de fausset, une octave au-dessus. Cela produisait une alternance constamment répétée de récitatif et de fanfare. La chanson parlait d'amour, et les couplets changeaient à chaque détour du chemin :

Dis-moi, sais-tu qu'à vivre ainsi,
Je me sens seul, tout seul, hé-iii !
Je pourrais contempler dix visages,
Mais aucun ne me semblerait plus beau que le tien, hé-iii !

Tant que nous fûmes à portée de voix, nous entendîmes l'écho, répété dans toute la montagne, des réponses d'une femme, dont le soprano avait une pureté, une justesse et une maîtrise de vibrato dignes d'une cantatrice et s'accordant parfaitement avec l'aigu masculin du *falsetto*. Ce n'était qu'une simple chanson d'amour, dont la jeune femme avait appris le sens sur les genoux de sa grand-mère et elle l'interprétait avec une ardente conviction :

Je veux entendre le son de ta voix ; elle est si belle.
Je t'en prie, reviens, que je l'entende encore, hé-iii !

Rassemblés autour du feu à la fin du jour, des enfants écoutent, captivés, un chant d'amour que chante leur sœur aînée. Comme ils ne savent ni lire ni écrire,

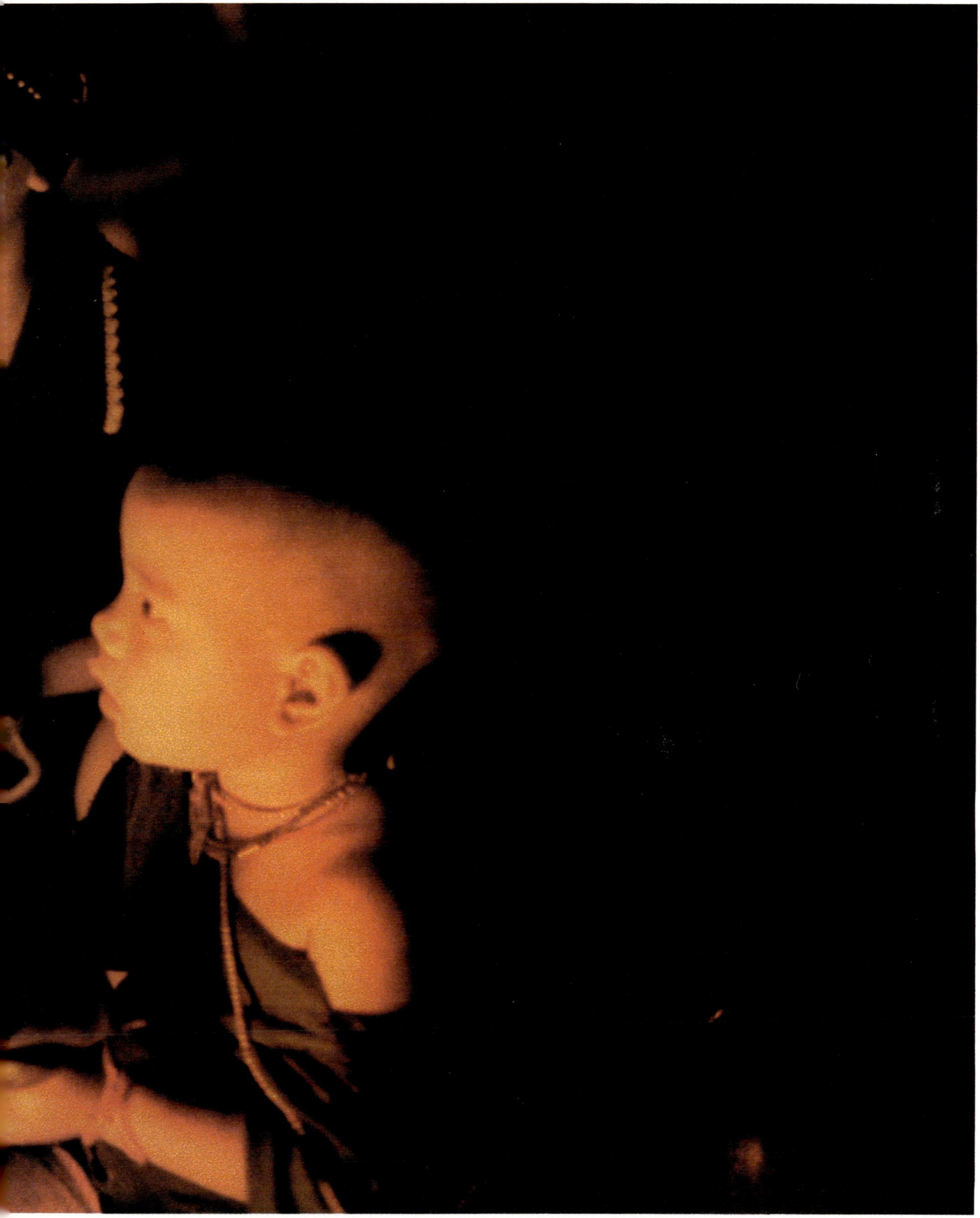

c'est par la seule transmission orale de ces poèmes, mémorisés par chaque génération, qu'ils apprennent leur histoire et les coutumes de l'*Akhazang.*

Bibliographie

Alting von Geusau, Leo, « Dialectics of Akhazang ; the interiorisations of a minority group », in Bruksasri, W. and McKinnon, J. (rédacteurs), *The Highlanders of Thailand*. Oxford University Press, Kuala Lumpur, 1981.

Alting von Geusau, Leo, « The Akha Misunderstood ». *Bangkok Post*, 30 novembre 1979.

Bernatzik, Hugo Adolf, *Akha und Meau*. Wagnerische Universitätsbuchdrücke, Innsbruck, 1947.

Dessaint, Alain Y., *Minority Peoples of Southwestern China*. Human Relations Area Files, New Haven, 1980.

Dobby, E.H.G., *Monsoon Asia*. University of London Press, 1961.

Hanks, Lucien M., *Rice and Man*. AHM Publishing Corp., Arlington Heights, 1972.

Hansson, Inga Lill, « The Akha Funeral Ceremony », in Bruksari, W. and McKinnon, J. (rédacteurs), *The Highlanders of Thailand*. Oxford University Press, Kuala Lumpur, 1981.

Hearn, Robert, *Thai Government Programs in Refugee Relocation and Resettlement in Northern Thailand*. Thailand Books, Auburn, N.Y., 1974.

Kacha-ananda, Chob, « The Akha Swinging Ceremony », in *Journal of the Siam Society*, vol. 59, 1ère partie, 1971.

Keyes, Charles F., *The Golden Peninsula : Culture and Adaptation in Mainland Southeast Asia*. McMillan, New York, 1977.

Kickert, Robert W., « Akha Village Structure », in Hinton, P. (rédacteur), *Tribesmen and Peasants in North Thailand*. Tribal Research Center, Chiang Mai, 1969.

Kunstadter, Peter (rédacteur), *Southeast Asian Tribes, Minorities and Nations*. 2 vol, Princeton University Press, 1969.

Lewis, Paul, *Akha-English Dictionary*. Linguistic Series III, Data paper n° 70, Cornell University Department of Asian Studies, Ithaca, 1968.

Lewis, Paul, *Ethnographic Notes on the Akhas of Burma*. 4 vol., Human Relations Area Files, New Haven, 1968-1970.

Lewis, Paul, « The Role and Function of the Akha Village Priest », in *Behavior Science Notes*, III, n° 4, 1968.

McCoy, Alfred W., *The Politics of Heroin in Southeast Asia*. Harper & Row, New York, 1973.

Suwanbubpa, Aran, *Hill Tribe Development and Welfare Programmes in North Thailand*. Regional Institute of Higher Education and Development, Marupa Publishing, Singapour, 1976.

Telford, J.H., « Animism in Kengtung State », in *Journal of the Burma Research Society*, n° 27, 1937.

Walker, Anthony R. (rédacteur), *Farmers in the Hills : ethnographic notes on the upland peoples of North Thailand*. Penerbit University Sains Malaysia, 1975.

Walker, Anthony R., *Highlanders and Government in North Thailand*. Folk, vol. 21-22, Copenhague, 1979-1970.

Remerciements et Sources des illustrations

L'auteur, le photographe et les rédacteurs du présent ouvrage tiennent à remercier les personnes dont les noms suivent: Victoria Butler; Inson Charoeporn, également connu sous le nom de « Liphi » ; Neyla Freeman ; Johannes Gwildis ; Inga-Lill Hansson ; Mark Le Fanu ; Elaine Lewis ; la bibliothèque de the Museum of Mankind, Londres ; Nattaya Puttangkul ; Simon Rigge ; Royal Botanic Gardens, Kew, Richmond, Surrey ; Friedhelm Schölz ; la bibliothèque de the School of Oriental and African Studies, université de Londres, Supen Singkaraj ; Ianya Sugunnasil ; Boontham Tehpawan ; Vichaicolor Lab, Chinag Mai.

Les sources des illustrations de cet ouvrage sont mentionnées ci-dessous, les numéros de pages correspondant à chacun des photographes et illustrateurs. Si besoin est, la localisation à l'intérieur de la page est séparée du numéro par un tiret.

Toutes les photographies sont de Michael Freeman sauf : Neyla Freeman, 4 — au milieu ; Sylvia Lebrun, 4 — en haut ; Frederic Grunfeld, 31, 96, 130 — en bas, 131 — en haut à gauche et en bas, 134-135.
Illustrations (par ordre alphabétique) : Cartes par Terry Allen et Nicholas Skelton pour Creative Cartography Ltd., 20-21. Pages de garde : carte par Engineering Surveys Reproduction Ltd. Vue en coupe d'une maison akha réalisée par Grundy and Northedge Designers d'après une illustration de Michael Freeman, 58-59.

Index

Les chiffres en italique signalent une illustration.

Photogravure par Scan Studios — Dublin, Irlande
Composition par Photocompo Center — Bruxelles, Belgique
Impression et reliure par Brepols S.A. — Turnhout, Belgique
Dépôt légal : mai 1982